改变

CHANGE

纽约人在北京

[美] 斯蒂芬·马布里 Stephon Marbury
袁方 著

金城出版社
GOLD WALL PRESS
中国·北京

图书在版编目（CIP）数据

改变：纽约人在北京 / (美) 斯蒂芬 · 马布里著；
袁方著. —北京：金城出版社有限公司, 2021.3
ISBN 978-7-5155-2144-2

I. ①改… II. ①斯… ②袁… III. ①马布里—自传
IV. ①K837.125.47

中国版本图书馆CIP数据核字（2021）第016924号

改变：纽约人在北京

作　　者　[美] 斯蒂芬 · 马布里　袁方
责任编辑　王寅生
责任校对　岳　伟
开　　本　710毫米×1000毫米 1/16
印　　张　16
字　　数　175千字
版　　次　2021年3月第1版
印　　次　2021年3月第1次印刷
印　　刷　天津融正印刷有限公司
书　　号　ISBN 978-7-5155-2144-2
定　　价　68.00元

出版发行　金城出版社有限公司 北京市朝阳区利泽东二路3号　邮编：100102
发 行 部　（010）84254364
编 辑 部　（010）64391966
总 编 室　（010）64228516
网　　址　http://www.jccb.com.cn
电子邮箱　jinchengchuban@163.com
法律顾问　北京市安理律师事务所 18911105819

Contents 目录

我不知道在这本书里的讲述，能否让读到这本书的读者，明白我在到达中国的第一天时，中国球迷对我的影响和改变；我能够非常坦率和直接地告诉你们，我觉得我第一天到中国的时候，中国球迷的出现，就是救世主，在挽救我的人生，那是我“改变”的开始。

——斯蒂芬·马布里

前言　我为什么要再写一本书

我是斯蒂芬·马布里，Stephon Marbury 是我的英文名字，但是在过去这十年里，我更习惯也更喜欢被人叫作“老马”。

是的，你没看错，过去十年。一转眼的工夫，我在中国已经待满十年了。

2020 年 1 月 25 日，正好是中国农历庚子年的大年初一，CBA（中国男子篮球职业联赛）正处在休赛期，而我的英文个人纪录片——《一个来自科尼岛的孩子》（A Kid From Coney Island）马上就要在美国上映，所以我暂时告别球队回到纽约参加一些纪录片的宣发活动。虽然身在美国，但是我有太多中国朋友，所以从早上起床到中午吃完饭，手和眼睛都没有离开过手机。陪着我跑纪录片宣发的朋友忍不住说：“斯蒂芬，你干脆钻到手机里面算了！”我心说，如果钻进手机能够帮助我把这成百上千条信息立刻看完并且回复完，那我立刻就想办法钻进去。

我的手机里装有大部分中国人都在用的微信，我早已经和中国人一样要依靠微信来生活了。大年初一，我的微信里有成百上千条来自中国朋友们的信息，其中包括球队微信群里的信息。这些信息有英文的也有中文的，我需要借助翻译功能才能看懂中文的，有些信息是群发的，但也有相当一部分信息能看出来是专门为发给我而用心编写的。我想确保读到每条信息并回复，因为大年初一是中国人一年里最重要的日子，能在这一天想到我的人，都是我老马在中国的家人和朋友。另外，值得一提的是，过年嘛，微信里少不了有人在各种群里发红包，虽然我已经是四十多岁的大叔了，但我可不想错过每一分能为我带来新年好运的“压岁钱”。

在这无数条信息里，有人提到，嘿，老马，今天是你到中国的十周年纪念日。看到这句话我呆住了，我不是一个仪式感特别强的人，不会把每一个重要纪念日都记在小本子上，但这一天确实太不同了。

意识到那天是我到中国十周年时，我坐的车正行驶在纽约的白石大桥上，车窗外面的大桥对岸就是曼哈顿市中心光怪陆离的摩天大楼，那是世界上最繁华也最拥挤的地方，是无数人争先恐后和梦寐以求想要到达的地方，是我曾经披着尼克斯队球衣征战的地方。我们的车正在驶向曼哈顿的最中心，那里有几家媒体的演播室，我要到那里去录不同的节目为纪录片做宣发。作为一个在纽约长大的美国黑人运动员，这本该是我最熟悉和最想念的地方，但此刻我突然觉得眼前的这座城市离我这么近又那么远，我的确熟悉它和喜欢它，也称它为家乡，但是我对它却提不起太多的兴奋感。

那一刻，特别神奇的是，尽管我明明身在自己的家乡，却清晰地感到自己想家了。我想念的，是我在中国的家。

我是 2010 年 1 月 26 日那天到的中国，在那之前，你要是和我提起中国，我绞尽脑汁也只能想到两个和中国有关的词，那就是长城和姚明，对于其他的一切，我一无所知。

很多人都听说过我到中国第一天的故事，那是一个我讲了几百次的故事，一直到这次回纽约参加个人纪录片的宣传节目上，有美国的节目主持人和记者问到我在中国的经历时，我都还在反复讲这个故事。

十年前的那个 1 月 26 日，我坐了很久的飞机从纽约抵达中国山西，那应该是我第一次独自一人飞那么远，之前最远也就是飞到欧洲去打奥运会或者外出旅游，且都会有队友或亲友做伴。飞机降落时，我真的很累，除了身体困乏，更多还是心情疲惫。在决定来中国打球之后，我已经在美国进行了一段时间的体能恢复训练，但是我知道自己的状态还没有达到最佳，因为我在 NBA（美国男子职业篮球联赛）已经很久没有球打了。至于我为什么在 NBA 没有球打，这段故事也有很多人了解，总之就是我经历了一段生不如死的时光，被很多人误解，进而被他们诬陷和攻击，最终被“群嘲”，被 NBA 放弃。来中国打球不是一个简单的决定，却也是当时我拥有的最好的机会，我唯一的期待就是能再次打上篮球，只要能上场打球就足够了。我完全没有期待自己会在中国获得怎样的成绩，也没有期待自己能在中国实现什么样的目标或梦想，说实话，那个时候的我压根不知道我该对中国期待什么。因为我对这里一无所知，所以我显得有些低落和惶恐，甚至不确定自己能否真正融入一个新环境，只是情况到了那个地步，我不能放弃这个机会。

我知道中国球迷对 NBA 了解很多，他们了解 NBA 的方式肯定是通过媒体，因为美国媒体的各种言论和文章可以很容易地被翻译成中文然后在这边的球迷中传播，他们肯定读到了那些抹黑和攻击我的文章。我太了解美国的体育媒体了，他们可以把你捧上天，也可以让你灰飞烟灭，运动员遇到问题和困难时，职业生涯的生死有时就在他们的笔尖和口头上。我绝对相信，他们已经把很多负面信息传递给了中国。中国球迷虽然不至于像有些美国球迷那样对我抱有恶毒的态度，但又会怎样对待我呢？我不是中国人，没有在这里长大，又从来没有给这里的城市和球队带来过任何荣誉和记忆，我不过是一个来这里寻找机会的篮球运动员，对这里并不了解，没有过分的期待，虽然也有很多面对未知时的兴奋和重返球场的希望，但总体上我不知道自己将要面临的是什么样的生活。

如果有人能够穿越，回到那个时候找到我并对我说："老马，你会在中国先后为四支职业球队效力，你会成为 CBA 的总冠军，你会拥有一座属于自己的雕像，你会被一座城市和一个国家彻底接纳并拥有正式的身份，你就是退役了也会留在这里而不是回到美国，你会成为一支职业球队的主教练……"

我会毫不犹豫地对这个人说："你是神经病吗？"

下飞机时我打开了手机，给美国的家人们发了报平安的短信。那时候不像现在，微信和社交媒体的消息可以瞬间轰炸手机屏幕，那时候的手机只是叮叮响几声传来几条短信，没有任何人通过手机告诉我，在机场迎接我的将是怎样一番场景。

我拿完行李后从机场到达区走出来，瞬间傻眼了。我看到几千名球迷，真的是几千名，绝对不是几百名，我虽然不知道准确的数字但我见过太多人群齐聚的场面，我打眼一看就能大概判断出这群人的数量。这些球迷在用英语喊我的名字，你还别说，发音还挺标准，也有好多人冲我喊着我听不懂的中文，后来我知道他们喊的就是我的中文名字“马布里”。球迷们手里举着我的照片和海报，举着用英文写的欢迎我的横幅，使劲儿挥舞着，卖力喊叫着，我的眼神看到哪里，哪里就会掀起更加高涨的音浪，哪里的人群就会蠢蠢欲动，似乎马上要冲到我面前。我在 NBA 时总是会尽力满足球迷们的签名和合影要求，尤其是碰见孩子的时候，更会努力不让他们失望，但是在山西的机场，我不可能做到这一点。这些球迷看起来早就到了，已经被机场工作人员安排到了固定的区域，不算太大的机场到达区已经被他们挤得水泄不通。我力所能及地为一些球迷签名，但球队的工作人员带着我穿越人群慢慢向机场外走去。一直到我坐上了车，球迷们还在聚集，他们热情、疯狂却又非常礼貌有序，在我的车旁继续喊着我的名字，挥舞着手臂，向我表达着欢迎。

我记不住自己当时脸上是什么表情，我只记得我脑子里嗡嗡作响，我一直在问自己，这怎么可能？这怎么可能？这是真的吗？

后来我看到媒体记者们在那天拍下的照片，发现自己一直在笑，仿佛彻底融入这群球迷的情绪海洋之中，可是我清楚地知道，我的心里其实一直在流泪，是感动和震惊，是不可思议，是苦尽甘来和百感交集。

我何德何能，还什么事情都没有做，和这座城市在当天之前没有一丝一毫的联系，我甚至还没有通过球队的体检流程并彻底完成所有加盟的手续。我在美国是被人随意评说和欺辱的球员，是被 NBA 放弃的球员，不管公平与否，不管正确还是错误，我当时的名声是什么样我自己清楚。

在我心里，我认为自己需要在加入山西队之后打出几场好球，然后才能获得当地球迷的认可和欢迎，我做好了充分的心理准备，我知道人们都习惯于道听途说，人们不可能对我毫无成见，我需要时间和机会去慢慢消除这些成见，重新成为我想要成为的球员，并且获得我应该获得的声望和待遇。

可是这些中国球迷对我不但没有成见，反而在我落地之前就来到机场等待我的到来。那时候的我已经过了而立之年，已经经历了足够多的事情，见过足够多的人。我在世界体育和娱乐的“麦加圣地”纽约麦迪逊花园广场球馆打过球，那里有世界上最热情和最疯狂的球迷，那是所有运动员希望征服的球场。而我征服过那里，那里的球迷们曾经为我摇旗呐喊，但也同样是在那里，同样的纽约球迷，也曾经转身背对我，不愿意认真倾听我的声音，不愿意考虑我在生活中经历着什么事情，不愿意了解我的真实想法，最后肆无忌惮地把嘘声和咒骂甩向我。我见过他们最甜美的一面，也见过他们最可怕的一面，自那之后，我就自认为可以分得清虚情假意，能够看得懂人情世故。再热情的态度，再好听的话语，可能都只是人们为了否定和伤害你而提前做好的铺垫。可这些中国球迷是不同的，他们脸上的表情，他们的肢体语言，充满了我从来没见过的质朴和真诚。我虽然脑子是懵的，但也开启了自己的全部感官去感知和接受他们传递给我的情绪，我感觉不到一丝虚伪，感觉不到任何保留，全是真诚、欢迎、兴奋，还有爱。

我以为经历过这一切之后，那些喜欢我和追随我的人会就此散去，我以为我就将在漂泊和寻觅中打上几年篮球然后就退役，我以为我将从此一个人面对不公、面对恶意，和他们一辈子对着干，我以为美国媒体的那些声音已经传遍了全世界并毁掉了我的名声，我以为除了自己的至亲好友，已经没有人再爱我。

我错了！我彻底错了！

原来还有人爱我，而这些人居然在中国。在我最艰难的时候，我每天无数次向上帝祈祷，希望他能给我新的指引，希望他帮助我走出困境，但我一直没有听到他的回音，原来他早已经把答案写在了中国，只是等待我自己来寻找。

我不知道这样的讲述是否能让正在读这本书的你能够明白这群球迷在我落地中国第一天时对我的影响和改变。我能够非常坦率和直接地告诉你们，我觉得那些球迷在那天的出现，就是救世主在挽救我的人生。我这次回纽约做宣发节目，也反复跟美国的主持人说，在我抵达中国的那天，那些山西球迷给我的爱，当场救赎了我。

我从来没有跟人说过的是，那天当我回到酒店把一切都安顿好并最终躺到床上之后，疲劳至极的我很累却无法入睡，内心百感交集，直到落泪。你们根本不知道在那天之前，我过了一段什么样的日子，你们看到过媒体报道，听我说过一些，但你们依然无法想象我所承受的压力是如何让我窒息，而我遭遇的困难又是如何一步步在把我推向毁灭。而现在，我将有机会在中国拥有一个全新的开始，这里的人们像天使一样，他们对我毫无恶意，充满包容，他们知道我在美国经历了什么却选择张开怀抱。

思绪纷飞间，我乘坐的汽车继续向曼哈顿中心驶去，我想起十年前的今天，我也是坐在朋友的车里穿越繁忙的城市，只是那时的目的地是机场，我要从那里飞去中国。十年前的我不但无法想象自己十年后的样子，连十天后的日子都不敢去想，而现在的我来到了人生中最成熟最笃定的阶段，我终于清楚地知道了自己是谁，从哪里来和想要到哪里去。有人说这三个问题是有关人生的三个终极问题，这在东方和西方文化中是共通的。我从小到大都是个很自信的孩子，一直对自己的身份有着强烈的认同感，也对自己的生活有着明确的感知和想法，即便在我完全不懂得去思考哲学问题之前，我也能轻松回答这三个问题，但直到现在，我才真正明白了以前那些答案是多么的不成熟和没意义。

我是上帝派来人间的篮球运动员，在篮球世界中不断前进，百折不挠，终点只有一个，就是用篮球去感受和传递生命的意义，让更多人通过我、通过篮球获得更好的生命体验。

如果说从前的我无法掌握十年后的自己，那么今天的我感觉自己有十足的信心去掌控今后的人生，我希望我的下个十年能比上个十年更加精彩和有意义，能更快乐，也能够影响和帮助更多的人，而我之所以能拥有这样的信心和掌控力，则都是因为中国。只有在中国，我才能做到这些，中国已经成为我生命中的一部分，已经不再是那个我只知道姚明和长城的陌生地方，而是一个我可以一直待到老的地方。

这无疑是一段神奇的旅程，一个像我这样的外国人，在人生的谷底误打误撞到了中国，被中国人接纳和帮助，和中国的兄弟姐妹们一起度过了起起伏伏的十年光阴，并最终在中国扎下了根。至少在篮球世界里，我的这段经历是独一无二的。

我还是我，我的内心并没有改变，只是经历了这一切后我的确变得更加成熟，也更懂得感恩，但我的人生却发生了彻底的改变。

在接下来的美国宣发活动中，我改掉了很多本来已经确定好的宣发计划和发言稿，开始一遍遍不厌其烦地向美国的节目主持人和记者详细讲述我在中国的故事和感悟。我知道如果我不这么做，他们就只会礼貌性地执行程序般地问我几个关于中国的问题，然后就把话题转到那些美国人关心和熟悉的领域去。而我必须让他们知道，我今天能坐在那里和他们侃侃而谈地分享人生的唯一原因是我去了中国。要不是中国，他们对我的态度可能还像十年前一样，所以要聊，就好好聊中国。

在这一遍遍的讲述中，我也有机会对自己过去十年的人生进行复盘。这些真实的人和事在我强烈的表达欲下逐渐浮现，也让我对自己的人生有了更多的思考。

我在中国的这些年里，除了打篮球之外，还和好朋友王猛一起写过一本书——《我是马政委》，我的电影《我是马布里》也在中国上映了，我还参演过话剧《我是马布里》，我自己的运动品牌也在中国以各种方式不断发展着。并不是每一个优秀的运动员都可以有机会用这些方式讲述自己的故事，传递自己的精神和思想，我一直觉得篮球的世界很大，不应该仅仅包括球场上的那一小部分。我的人生被篮球改变，我就应该用我的篮球人生赋予我的能力和资源去带来更多积极的改变，去影响更多的人。

自从退役之后，我就一直专注于球场外的事业，做过青少年培训事业，进行了更多的商业尝试，获得了执教北控男篮的机会，和美国制片公司合作出了一部英文的纪录片……实话实说，这两年我真没闲着，本来想好了退役后要好好休息一阵子，两耳不闻窗外事，想不到还是在连轴转，甚至比打球时候更忙。

我总觉得还是缺了点什么，可是我自己也说不清。在纽约那天，当我被人提醒后知道自己到中国已经十年了，汹涌的强烈感慨充满我的胸膛，我突然想明白了，十年之期着实不易，是时候再一次去回顾和总结自己的这段人生，是时候把大家熟悉或者不熟悉的故事重新串起来，让更多人了解我的故事，认识真正的我，我从而能够去实现自己的梦想：用篮球人生去影响更多的人。

我始终相信，当全神贯注并倾尽所有去做一件事时，上帝一定会帮我，而这一次，他的安排同样没有让我失望。

没过多久，我就获得了又一个好机会，我的朋友愿意帮助我出版第二本中文版自传！我实在想不到还有什么能比出一本中文书更完美，更有意义，无须犹豫，我答应了下来。

正如我刚刚所说，我想把很多你们熟悉或者不熟悉的故事重新串起来，让你们看到我的人生是怎么一步步发生改变的，让你们认识一个真正的马布里。经历了这些年，即便是面对同一件事情，我的看法和角度也发生了改变，重新谈起这些事的时候，可以做到更加深刻，心态更加平和，我在退役之后的这两年里经历的事情更有意思、更丰富，而成为教练则是我篮球人生的全新篇章。这一切，我都迫不及待想要分享给大家。只有静下心来写一本书，把细节讲清楚，把我的感悟讲清楚，才能帮助更多的人。

这一次我选择和我的朋友袁方合作，我们相识于 2016 年的 NBA 中国赛。那次中国赛对于我来说意义非凡，彻底改变了我和 NBA 乃至整个美国社会的关系，这一段故事我在本书中会专门讲述。袁方当时工作于美国的 ESPN（娱乐与体育节目电视网），和我的另一位美国记者好友马克·斯皮尔斯一起来中国采访我。后来我们又有了很多交集，我退役后加入了一家公司，做青少年篮球培训，而他也被聘请到这家公司做高管，我们在媒体采访和商业上都有多次合作。很有意思的是，我是一个在中国生活了十年的美国人，而他是一个在美国生活了十年的中国人。我们俩经常聊起一些有趣的故事和人生感悟，在许多问题上都有相似的看法，我们还开玩笑说自己是中美两国的友谊桥梁。

正在翻开这本书的你们，大概是篮球迷，听说过甚至很熟悉那些关于我的故事，也可能你们不是球迷，只是听说过我的名字，翻开这本书是想看看一个像我这样的外国人到底是怎么在中国扎下了根。

不管怎样，我都感谢命运让我们以这样的方式相遇。把这本书带回家吧，把这里的故事讲给你的家人和朋友吧，我向你保证，你将通过这本书完完整整地了解一个美国篮球运动员在中国改变自己人生的故事，你会在书中找到关于梦想和坚持的美好与力量。

第一章 ｜ 我在 NBA 的最后岁月

很多人忘了我是传奇

很多人忘了我是传奇，我不知道他们是故意装作想不起来了，还是真的因为岁月流逝而不小心忘记了。

如果粗略区分的话，我的篮球生涯大概可以被分为三个阶段，分别是进入 NBA 之前、NBA 和 CBA。我首先想让你了解的是进入 NBA 之前的我。我后来人生的起伏和曲折，有很多是因为我的性格所致，都说性格决定命运，但我觉得恰恰相反，应该是命运塑造和决定性格才对。

每个人生来都没有选择，如果有选择，可能没有多少人想出生在纽约布鲁克林最南面的科尼岛，那里离繁华的世界之都曼哈顿只有半小时地铁的路程，但你就是乘坐光速飞船也无法逾越两个地方之间的贫富差距。很多中国球迷都听说过一些生长于贫民窟的 NBA 球星的故事，我和他们有相同之处也有不同之处。

相同之处是我小时候家里的生活也很拮据，父母每天都需要担心该如何让家里的孩子们吃饱穿暖，而我们也总是对一双电视上的球鞋朝思暮想却始终难以得到。我们家有 7 个孩子，人口最多时，一家 9 口人挤在四间小小的政府公屋里。不同之处在于我拥有完整的家庭，我和爸爸妈妈还有兄弟姐妹们始终是一个大团体，我们虽然辛苦清贫，但是一直在一起。更加幸运的是，我的父母都有工作，我妈妈在一家托儿所上班，我爸爸自食其力，是一名修理工人，在各种各样的工程中付出劳力。你们要知道，在美国大城市中心或者边缘的黑人社区里，能拥有一个完整的家庭就已经是上帝能给你的最大恩赐了，而你的父母还都有一份正经的工作，你们全家上下并没有任何一个人混迹街头，或者过上帮派生活，那简直就是一个奇迹。

在我的信念中，上帝给我搭好了第一步，给我一个完整的家庭，那剩下的生活就需要我自己来努力了，我可能要穷尽一生之力去发现上帝写就的计划。在我的家庭里，篮球就是我们唯一能看见的光。

从小，我的父母就告诉我们哥几个："你们来自科尼岛，这永远都不会改变，你们要为此感到骄傲，因为这个地方给你们生命，给你们机会，教你们成长。但是，你们并不属于科尼岛，科尼岛不应该是你们这辈子的归宿，你们属于外面的世界，也许是哈得孙河另一边的曼哈顿，也许是其他什么地方，我们不知道，但我们知道的是，你们有能力也一定可以走出这个地方。要想改变你们自己的人生，就去上学，而要想上学，就去打篮球吧！"

这是我父母非常朴素的想法，在他们的眼中，作为美国黑人，打篮球的确可以改变我们人生的道路。他们倒没有想着让我们成为篮球明星，谁都知道那只有亿万分之一的可能性，但靠着打篮球去获得上学的机会则是相当容易的，特别是大学，只要上了大学，就可以改变人生。现在的我知道了，中国人都非常重视教育，知识可以改变命运的想法在中国是基本的常识，但是在美国，尤其是我出生并长大的那个环境中，这种想法有时候并不常见，甚至听起来有些奇怪。不得不说，我能拥有这样的父母，是我最大的幸运，我现在每每想到这点就止不住地感恩。

我不是那种从小就天赋异禀的孩子，我的身材和体格都没有那么突出，虽然父母告诉我，篮球可以让我上学，可以改变我的命运，但我的心里并没有那么想，我只是很喜欢篮球，没想那么多。我妈妈后来告诉我，我很小的时候，刚拿到篮球的那一刻就开始笑，然后就抱在怀里。等我稍微大一点以后，我姐姐会和我玩扔球，就是一个小小的球，我就可以乐此不疲地玩上很久。等我再长大一点，开始能够拍球的时候，一切都变得一发而不可收，篮球仿佛再也没有和我的身体分开过，无论吃饭还是睡觉，我的身上总是“挂”着一个球。

我刚才说了，我爸爸就是一个修理工，靠着各种各样的小工程和零工过活，直到长大以后我才理解了他的生活有多么不容易，他应该见过生活中最残酷的一面。他对我和我三个哥哥用心良苦，他坚信我们唯一的出路就是打篮球，所以用尽一切力量确保我们从小就保持训练并且一直走在正确的人生道路上。

我年少时经过的那些训练和所有成功的球星都是一样的，我从两三岁开始就在父亲的要求下进行各种身体素质的锻炼。俯卧撑、仰卧起坐、跑楼梯、跑沙滩，所有你想得到想不到的，我都在很小的时候就练过了，而且是日复一日地练。

我有三个哥哥，你们可能不太熟悉他们，但如果你想了解我为什么能成为 NBA 球星和 CBA 冠军，你们就必须知道他们三人的故事，因为没有他们在前面铺路，就没有我后面的坦途。

我的三个哥哥是整个城市的篮球传奇，他们分别是大哥埃里克·马布里、二哥唐尼·马布里和三哥诺曼·马布里。20 世纪 70 年代时，整个纽约地区的街头篮球中心在长岛，长岛在曼哈顿的东北方，布鲁克林是东南方，而我们科尼岛则在布鲁克林的最南端。长岛那里有很多厉害的家伙，整个大纽约地区的球员一到了晚上和周末都会聚集到长岛的球场。但是因为我的三个哥哥，长岛在大纽约地区的篮球中心的招牌渐渐倒下了，因为最好的球员在科尼岛，所有人都要来看他们三个打球。在那个年代，我们这样的家庭，居然一下子出了三兄弟，不但篮球一个比一个打得好，还坚持留在学校接受教育，践行着父母给我们的教诲。

大哥埃里克在我出生后没几年就获得了佐治亚大学的全额奖学金，去了那里成为美国大学生篮球联赛 NCAA（全国大学体育协会）一级联盟球队里的主力小前锋，而他的队友正是直到今天都赫赫有名的 NBA 传奇巨星“人类电影精华”多米尼克·威尔金斯。大部分美国孩子直到中学才会开始有关于大学的概念，而对于生活在底层的黑人来说，大学这个词根本不存在于我们的生命中，可是我却因为我的大哥，在小小年纪就听到并理解了大学对一个人和一个家庭的意义。我大哥给我们全家都树立了一个榜样，他就像一座永远都在发光的灯塔，无论我们航行的旅途有多么暗无天日或波涛汹涌，他都在岸边指引着我们，让我们眼里有光，心中有方向。

我的二哥唐尼当时是科尼岛历史上最厉害的后卫，当然这一称号后来被我三哥抢走了，再后来又属于我了，不过我二哥始终被认为是科尼岛第一个让别人记住名字的后卫。大哥埃里克和二哥唐尼一大一小，锋卫联手，打遍整个纽约也碰不到一个对手。媒体给埃里克起了个外号叫“太空狗”，然后又管唐尼叫“太空小狗”。唐尼有一手精准的投篮技术，他在家时总是抱着篮球，琢磨着自己手指的哪个部位应该放在篮球上的哪个地方，会不厌其烦地练习自己的投篮姿势，对着镜子不断调整手、手臂和肩膀的角度。他会带着我一起做动作，然后跟我说：“斯蒂芬，记住，哪怕你在球场上什么都不会做，但只要投篮准，就能有一席之地，而如果你什么都会做，却就是投不进篮，那也没什么用。所以一定要先把投篮给练准了，而且要一直练，永不停歇，同时提高其他技术。”我发誓当时听不懂他这些话，但只能点点头假装自己理解了，然后就跟着他在那里一遍遍练习。

唐尼后来果然很厉害，居然拿到了著名的得克萨斯州农工大学的奖学金，而且他作为农工大学的当家球星带领球队在 1986 年打出了优异成绩，自己也成了美国大学生篮球联赛 NCAA 西南赛区的得分王。他拿下得分王的那年，我 9 岁，我清楚地记得他拿回家一个小奖杯。那个奖杯有魔法，每天晚上都会钻进我的梦里，就在我的眼前晃啊晃啊，我努力去抓，有时候能抓住，有时候抓不住。睁开眼睛时，我就知道，自己又该努力练球了。

我三哥诺曼，我不知道用什么语言形容他在篮球上的天赋。埃里克纵横天下的时候我还太小，唐尼大杀四方时我也只是懵懵懂懂地跟在他身后，但他们基本上都在我能形成完整的记忆之前就离开家了，反而是诺曼带给我的影响更大。诺曼也是一名后卫，在布鲁克林就是迈克尔·乔丹一样的存在，在球场上没有他做不到的事情。我跟在他屁股后面出去，球场上的所有家伙都会对我投来几分尊敬的目光，只因为我是诺曼的弟弟。诺曼的球性太好了，篮球到了他手里就再也不会离开了，不管他的身体做着什么样的动作。NBA 里不乏那些运球技术高超的后卫，但直到今天，我也不觉得有谁的运球技术比当年的诺曼要好。诺曼厉害到什么程度呢？我举一个非常真实的例子你们就能明白。科尼岛不是一个好社区，犯罪率也不低，街上成天到晚混迹着一些毒贩子，但哪怕是这些天不怕地不怕的毒贩，只要看见诺曼走过街区，都会冲着诺曼礼貌地招手示意，因为他们知道，诺曼是这里的篮球之王。和大哥还有二哥一样，诺曼也因为篮球而成功获得了大学的全额奖学金，但非常遗憾的是，他的学习成绩不太好，他在 SAT（学术能力评估测试）考试中几经努力都没能达到分数线，痛失奖学金。没有奖学金，我们的家庭绝不可能供得起大学生，而那个年代，高中生还不能直接参加 NBA 选秀，当然诺曼的水平也还没有达到那个程度。

我的三个哥哥都是我的榜样，也是黑人社区里的榜样，他们都上到高中毕业（我们那里的高中毕业率非常低），而且都获得了大学的全额奖学金，虽然三哥诺曼最终和大学失之交臂，但他的努力也让他可以避免成为社区里那些混迹帮派的年轻人。这样的三个哥哥，真的很难得。大哥埃里克大学没毕业就去了 NBA 试训，一度进入了洛杉矶快船队的训练营，但最后还是在赛季开始前被快船队裁掉了。二哥唐尼是我们家族里第一个正式参加 NBA 选秀的大学生运动员，但是很遗憾没有被选中，之后也再没有获得任何进入 NBA 的机会。诺曼因为没上成大学，在那个年代，也没能获得冲击 NBA 的途径。

但是你们看到了，三个哥哥用他们在篮球上的努力和优秀为我树立了最好的榜样，他们勇往直前，执着专一，他们开辟好道路，让我不被其他风景耽误，让我能够快马加鞭，直冲着目标而去。

看过我三个哥哥打球的人都知道，我的身上有太多他们的影子。埃里克天生就有一种对篮筐的嗜血性，看到篮筐就想往上冲，什么都拦不住他，防守队员身体和手臂的阻挡最多只能化作他身上的几道血印，他极度强硬，不冲进篮下决不罢休。唐尼那一手投篮绝技令所有见过他打球的人印象深刻，他在布鲁克林一个个球场上投出了不计其数的美妙抛物线，朝阳晨曦，落日余晖，都不及唐尼出手球落那一瞬间带起的光辉。诺曼的运球出神入化，我听过朋友给我讲过中国古代的一个故事，说有个叫赵云的将军可以怀抱婴儿在敌军包围中如入无人之境，诺曼就是这样的将军，只不过他手中拿着的是篮球，穿越球场，无人能挡。

如果你找出我职业生涯巅峰时期的视频，你就会发现，我就是三个哥哥的合体加强版本。作为一名后卫，我的运球持球、投篮出手和对篮筐的冲击，从来都是浑然一体，相辅相成的。我在球场上立足，从小孩儿打到 40 岁大叔，最过硬的就是这一身本事。

当我的三个哥哥依次离开家奔向远方后，我就成了爸爸每天盯着的那个人，他对我的训练加了码，要求更加严格，而眼看着三个哥哥如此努力向上，年少的我更加明白自己肩负的期望。幸运的是，这份期望和我的兴趣刚好一样，我并不需要做出任何选择和牺牲，打篮球，就是我最想做的事情。当你如此热爱一件事时，它即便再辛苦，也不再是工作。我见过太多的孩子说自己如何热爱篮球，可他们真正热爱的只是在场上耍帅的那些瞬间，篮球只是他们用来炫耀、挥洒青春和吸引女孩子的工具，所以他们无论天赋多么出众，都很难成为篮球运动员里的人上人。

我 9 岁时看到三哥带回家的那座 NCAA 西南分区得分王奖杯后，就开始日夜幻想自己什么时候也能拥有类似的成就，自那之后，我对自己训练的要求几乎达到了疯狂的标准。而我的父亲也开始带着我参加一些本地的青少年比赛，我开始被周围的人知道。我还因为在同龄人中投篮准，偶尔会被邀请去参加一些当地高中篮球比赛的中场投篮秀活动，那时我开始身处聚光灯之下。

在我 11 岁的时候，由于经常出去打比赛，美国一些媒体注意到了我，他们最擅长的事情就是发现球员，然后给球员排名，以此来制造话题获取关注度。这些话题有时候会杀死一个球员，有时候也会让一个球员走上巅峰。11 岁时的我，还不是媒体的公敌，所以这些媒体称我是全美国最棒的五年级学生；12 岁时，他们又称我为全美国最棒的六年级学生。

13 岁时，我混进一个高中生的篮球训练营和他们打比赛，开始很顺利，没人看出来我只有 13 岁，直到当地的一个家长走进来认出了我并告诉了教练，教练没有叫停比赛，而是让我们打完。我在那场比赛里大杀四方，而这个故事也彻底流传开来。

自此之后，我的生活开始出现改变，围在我身边的人越来越多。他们都是被我的篮球技能吸引，跟我和我爸爸说了很多话，除了赞美和恭维，他们为我们编织了很美好的蓝图，说只要和他们进行某种合作，按照他们为我制订的方向前进，我就能怎样怎样。我爸爸告诉我："这些人从前也来过，你三个哥哥中的每一个都会把他们吸引过来，但是他们散去的也特别快。不能说他们薄情寡义，因为寻找并拉拢潜力股本身就是他们的工作，他们以此谋生，但也决不能完全相信他们，被他们牵着鼻子走。"

以前，我父母都要省吃俭用才能给这一大家子的孩子买衣服和鞋子，一双好球鞋对我来说是绝对的奢侈品，然而现在，鞋子、衣服、各种训练装备、各种礼品甚至现金，一下子摆到了我们面前，如果我愿意，我可以马上拥有这些可望而不可即的好东西。那种诱惑太大了。我现在还记得有一个高中的教练亲自开车来拜访我，他打开后备厢，那里面塞满了新款的衣服和鞋，我觉得那简直足够我们全家人不重样地穿上好几年了。

我如果想要这些东西的话，全部免费，但是我可能会因此付出昂贵的代价！

在美国，人们把体育分为职业和业余两个级别，NBA 这样的联盟是职业的，除此以外的是业余的，哪怕是 NCAA 也属于业余联赛，而区分职业和业余运动员的重要依据就是是否依靠运动获取报酬。一名运动员无论年龄大小、水平高低，只要是业余的，就一分钱报酬都不拿，也不能拿等价物和等价服务。对我来说，不要说那一后备厢的新鞋和新衣服了，哪怕我就是出去吃了某个想招募我的高中教练宴请的一顿高档晚餐，或者是每次去比赛和回家都搭乘了这名教练的便车，又或者是有球馆给我免费提供了两个小时的练球时间，这些统统都代表我通过打球而为自己谋取了利益。

这个规则在美国极其严格，甚至到了变态的程度，一旦违反，哪怕是一次，你也有可能永久失去业余运动员的资格。而一旦失去业余运动员资格，那就意味着你不能再参与任何业余比赛，包括社区联赛、初高中比赛、各种青少年比赛，以及最重要的 NCAA 比赛。这些都是层层相关的，不能参加初高中比赛和青少年比赛就没有机会被大学教练发现，而如果没有参加 NCAA 比赛的资格，那就没法获得大学发出的奖学金，对于我们这样的孩子来说，没有奖学金就意味着没有大学上，上不了大学，直接进入 NBA 的机会就太渺茫了。这个规则在美国社会直到今日还被人们强烈讨论和批判着，因为有太多学生运动员一直生活在贫穷中，他们因为打球很好被所有学校招募着，也面临着各种各样的诱惑，他们给学校创造了巨大的经济利益，自己却除了奖学金以外的一分钱都拿不到，而最后能进入 NBA 赚大钱的人简直是凤毛麟角，99.99% 的人进不了 NBA，也最终彻底失去了用篮球翻盘人生的机会。关于这个话题，我有点说远了，我只是想帮助你们理解，一个立志于靠篮球改变人生的美国孩子在成长经历中需要面对的环境和选择。

有很多孩子和他们的父母都没能经受住物质的诱惑，拿了别人的好处，他们去了别人希望他们去的学校，或者私下和某些经纪人达成了某种合作关系，他们只是希望尽快改善自己家庭的生活，别无他计，只有靠自己。虽然有不少人能做得很隐秘，拿了好处却一路平安无事，但也有更多人被纪律委员会发现，被剥夺了参加大学联赛的机会，人生被毁了。

我的爸爸非常清楚这些事情的规则，知道这些物质的利益对于我们家庭来说意味着什么。那一后备厢的鞋和衣服，我爸爸就是连续打几年工也攒不下来这么多闲钱来为我们添置，他也想在工作之余能够轻松地坐在沙发上喝着啤酒看着电视，也希望能睡到自然醒，更希望周末或者节假日可以去什么地方旅游一下。但是他知道，一切事情的背后都有代价，有的代价可以承受，而让儿子违反规则失去业余运动员的资格则是无法承受的代价。

我初中那几年已经开始成为大纽约地区所有高中争相招募的对象，他们都希望我能搬离科尼岛加入他们的高中。我收到了许多招募信，那个年头的信都是手写的，诚意确实是满满的。至于那些不符合规则的招募，统统被我们拒之门外，我们的目标非常远大，绝不会因为眼前的这点利益而迷失自己。

我选择了林肯高中，哪儿也不去，就留在布鲁克林。原因很简单，我的三个哥哥都上了林肯高中，我想沿着他们的足迹继续前行，那些五花八门的招募对我根本不起作用。很多年后，我的选择被证明是正确的，我和哥哥们的名字至今还留在林肯高中学校内的走廊上，我们这个家族和林肯高中的纽带将永远紧密。

美国的高中联赛和初中联赛是完全不同的两个世界，初中还是按照单一年级来分组对抗的，而高中则是从高一到高四（美国的大部分高中是四年制）的所有球员组成一组进行对抗，即便你是高一里面最出色的球员，你也可能因为身体的差距被高四里一名普通的球员打爆。但是我不一样，我在 13 岁时就能跟高中球员对抗了。

那个时候的我开始变得越发强大，也开始变得极度自信，因为在球场上我找不到对手，无论是谁都会被我击败，这就是我的心态。人们可以将这种心态解读为狂妄自大或者骄横放纵，但是我的天赋和努力就摆在那里，我没有放松过哪怕一分一秒，在场上的每一秒钟都是场下的汗水、坚持和自律换来的，所以我有理由自信。

是的，我的确会有一些在别人眼中显得过于狂妄的言行，在媒体世界中流传很广的就是我会在比赛中冲着对方教练大喊“换一个能防住我的人吧”，我确实这么喊过，还喊过更过分的话。我不但打球不饶人，我的嘴也不饶人，只要是在和篮球比赛有关的场景下，我就要全面摧毁我的对手，用中国话讲，这叫作杀人诛心。

我觉得这是很正常的事情，事实上，绝大部分顶尖运动员都有类似的心态和习惯，如果你的心没有这么决绝、这么狠，被击败的就很可能是你自己。篮球比赛不仅仅发生在球场上，在踏上球场之前，竞争就已经开始了。在 NBA 比赛中，我们对于“心理战”和“媒体战”这样的词眼都已经不再陌生，甚至会赞扬那些球场上的硬汉或者“垃圾话大师”，因为他们是在心理层面上尝试击败对手。上高中时的我就是这样的球员，我从那个时候就开始具备这样的能力，打败你还不够，还要摧毁你。

正是因为这种心态的加持，我才在高中生涯中所向披靡，并且带领林肯高中获得了 1995 年的纽约市全市冠军。这是一名高中生球员所能获得的无上荣誉，即便是我的三个哥哥，也从来没能做到带领林肯高中走上纽约之巅，而我做到了。

高中毕业时，我留下的个人数据是场均 28 分和 9 个助攻。我给你们一个数字作为参考，现在的 NBA 小天皇勒布朗·詹姆斯高中四年的场均得分是 24.6 分。

我高中期间，来自 NCAA 各大名校的招募比当年大纽约地区高中的招募要疯狂上百倍，同时还有各大职业经纪公司的招募，想让我成为他们的客户。有的大学甚至承诺，只要我加入他们，他们就会给我的父亲一份篮球队助理教练的工作，在规则允许的范围内帮助我的家庭。我的爸爸一度希望我能加入雪城大学，因为雪城离家近，就在新泽西，从我家开车要不了多久就能到，如果我想的话，甚至可以每天回家吃晚饭。但是我最终选择离开家乡，去佐治亚州，对，就是我大哥埃里克的大学所在的那个州，只不过，他去的是佐治亚州立大学，而我去的是佐治亚理工大学。佐治亚理工大学的主教练鲍比 · 克莱明斯是我的大学恩师，教会我许多东西，让我在短短一年的时间里就从一名 NCAA 大学生运动员成为一名 NBA 球员。

我们那个时代不像现在，多数大学生运动员至少也会打上两个大学赛季才会有机会加入 NBA，而现在最流行的上了一年立刻就参加 NBA 选秀，在我们那个时候不太常见，除非你是极为优秀的球员。

我就是极为优秀的球员。

在佐治亚理工的一年中，我带领球队低开高走，在经历了初始的磨合不顺之后，我的球队开始赢球，并且先后击败了很多篮球名校，倒在我们脚下的有杜克大学、马里兰大学、肯塔基大学，还有篮球之神迈克尔 · 乔丹的母校北卡罗来纳大学。最后我们打入了全国 16 强，为佐治亚理工留下了辉煌的纪录。

大学的那一年我也遇到了一些挑战，其中最大的就是到底该如何寻找团队成绩和个人发展的平衡点。我的教练不断提醒我要和全队配合，要相信团队的力量，即便我的队友在个人能力上可能没有我这么强。这一点我是充分理解的，虽然年轻的我有时候也会热血上头，在场上遇到对手时会沉迷于一对一摧毁对方，但是我也在人生中第一次开始认真思考团队的意义，这为我后来的职业生涯打下了基础，虽然从整体来看，相信团队、融入团队并带领团队是一个逐渐成长的过程。在学习融入团队的同时，我也必须为自己思考，因为 NCAA 只是我前进路上的一个过路站点，这里离 NBA 只有一步之遥，可绝大部分人就是停在这里，穷尽一生的实力和运气也无法再进半步，比如我的三个哥哥，无论再厉害，就是没法成为 NBA 球员。而大学一年级的我，终于走得比他们远了一些，我在美国媒体的选秀预测榜上一直名列前茅。我的哥哥告诉我："大学联赛很重要，打出团队表现也很重要，可这都没有你的个人表现重要，你必须打出引人注目的个人成绩才行，团队的事情该放就放一放，别看他们都把团队挂在嘴边，可是哪个 NBA 球队会把一支冠军球队全部选走呢？还不是选里面最优秀的人。"

在教练和家人的指引下，在我的不断努力下，当然，也在上帝的安排和保佑下，我在大一下半学期打完 NCAA 全国锦标赛之后宣布参加 NBA 选秀。这是一个巨大的决定，因为从宣布参选那一刻开始，我就等于放弃了自己业余运动员的身份，我可以签约专业的运动员经纪公司，我可以开始商讨商业代言合同。如果我被选中，我们一个家族多年来的期望就将变成现实；而如果落选，我也没有资格再回到 NCAA 了，对于大学生球员来说，参加选秀是一条不归路。

但对我来说，参加选秀是我等待了多年的光荣之路，我，斯蒂芬·马布里，纽约市布鲁克林区科尼岛的篮球传奇，纽约市冠军，林肯高中的篮球传奇，佐治亚理工大学惊艳全美的篮球传奇，早就等着加入NBA了。加入NBA对我来说，从来都只是时间问题。

还是那句话，你可以把我的这种心态理解为狂妄自大，但我认为这是强大的自信心，而我的自信心并不来源于虚荣和狂妄，而是来源于天赋，来源于实力，来源于我在球场上苦练球技留下的每一滴汗水。

后面的故事，如果是球迷的话，想必就熟知了，我被密尔沃基雄鹿队在首轮第四顺位选中，然后明尼苏达森林狼队用他们在第五顺位选到的雷·阿伦再加上一个未来选秀权从雄鹿队把我换到手。我不但加入了NBA，而且可以和凯文·加内特联手征战。我和加内特在中学就是老相识了，我们还在同一支球队征战过美国的AAU（业余体育联合会）青少年业余联赛，有我们俩的球队，总是能大杀四方。

整个科尼岛因为我被NBA选中而轰动了，这荣耀不光光属于我的家族，也属于科尼岛，这是百年一遇的荣耀时刻。科尼岛上的每个孩子都知道我的名字，从此之后他们再也不会忘记，我实现了父亲的期望，完成了三个哥哥没能完成的事业。在我们的世界里，没有什么比成为一名NBA球员更光宗耀祖的事情了，而且，即便是新秀球员，我的工资也足以彻彻底底改变我全家上下的生活。从此，我们将不再贫穷，将搬离政府小公屋，将不再发愁如何让每一个人都吃饱饭，也将不再需要担心自己抵制不住物质的诱惑而踏错人生的步伐，我们还将拥有帮助更多人、帮助社区进一步发展的能力。

无论从哪一个维度上看，我都写就了传奇。

后来的后来，我在NBA的职业生涯中遇到了很多困难，有太多人欺骗我、欺辱我，有太多球迷转身离我而去，我想，他们真的都忘记了，我是传奇。

十年之前，每每想到自己人生中遇到的那些困难，我都会感觉极度愤怒，我觉得这些人太虚伪了，在我荣耀加身时紧紧簇拥，在我进入低谷时不但抽身而去还要落井下石，人情冷暖已经不足以形容他们的无情和可笑。十年之前，我并不愿意过多地讲述我加入NBA之前的故事，我总觉得多说无益，说了他们也还会那样对待我，所以我不可能在那个时候把年少时的自己过多地与当时的大众分享，我也不愿意人们去询问和解读，我只希望能够一笔带过。

然而经过了在中国的十年生活之后，一切对我来说仿佛都变得云淡风轻，我看待事情的角度随着我自己生活的改变也改变了，岁月的流逝和我个人取得的全新成就，让我能够轻松地回想和看待那些不愉快的过去。我意识到，不管发生什么，都不可能改变曾经的历史。很多人都忘了我是传奇，而我要做的就是告诉更多人，在篮球场上，我是传奇，我的心没有输过。就是这颗篮球传奇之心，运行并承载着我的身体，让我穿越一片片黑暗走向最终的光明。所以我才愿意去拍我的第一部英文纪录片，讲述的故事全部是那个还在科尼岛上的我，所以我才会想到来写这本你们正在阅读的书。

我想告诉所有人的是，无论你经历什么样的困难，你都要穿透迷雾，看到真正的自己，你都要记得你存在的意义。无论你有多强大，都难免会有阿喀琉斯之踵，这时候的你千万不要放弃，要时刻提醒自己，每个人生来都是带有天赋和使命的，只要拼尽全力去开发你的天赋潜能，只要你付出一切去探索追寻你的使命，那所有的困难都将变成沿途的插曲，等待你的必然是看不完的美景。

当所有人都忘记了你是传奇，你自己要时刻铭记。

纽约是家乡，却埋葬了我

我的这种强者心态帮助我从科尼岛的一名小男孩儿变成了 NBA 球员，但正所谓人走得越高就容易摔得越狠，我在 NBA 一共打了 13 个赛季，为 5 支球队效力过，我拿到了联盟的顶薪，NBA 职业生涯薪水总额过亿美元，砍下了 16000 多分，是全明星球员……但是这么多辉煌的成绩却没能让我的 NBA 故事以圆满收尾。我的 NBA 生涯就像坐在一辆完全不由我控制的过山车上，忽上忽下，我没有任何能力去改变它的轨道，最后它脱轨并狠狠撞击地面，险些要了我的命。

高中毕业后我离开纽约到了美国东南部的佐治亚州，然后参加 NBA 选秀，来到了美国中西部的明尼苏达州，然后我回到了纽约附近的新泽西，最后我又去了美国西南部边陲的菲尼克斯。在这些旅程中，我一直梦想着有朝一日可以回到梦开始的地方纽约，我从小就梦想为家乡的纽约尼克斯队打球。后来我梦想成真，真的成了纽约尼克斯的球员，但是乐极生悲，生活中发生了一系列变故，我也碰到了好几位伤害我至深的人，当然，我也有年少冲动而不自知的错误行为和意识，最终我的一切几乎在纽约被埋葬。

这段历史我曾经想要逃避，紧接着想去解释，后来才慢慢释然，我开始面对过去，反思过去，逐渐变得更加强大。

我的 NBA 生涯在明尼苏达州最大的城市明尼阿波利斯展开，这里是森林狼队所在的城市，这里是全美国最冷的地方。美国国家气象局的统计显示，明尼阿波利斯历史平均最低气温比靠近北极圈的阿拉斯加还要再低上 0.1 摄氏度。明尼阿波利斯每年 10 月底开始下雪，然后你几乎再也看不见绿色，一直到来年的 5 月雪才会融化，整整 7 个月的时间都是冰天雪地。一个外来人在这里生活很有挑战性，因为你必须保证生活井井有条且顺顺利利，稍有挫折和麻烦，你的心情就可能会变得很糟糕，因为漫长的冬季对你的情绪本来就有着很大的影响，生活中一旦不顺心，那简直是雪上加霜。

我在明尼苏达的日子一开始其实还不错，我和加内特被认为是森林狼队双星，我们俩在场下就是很好的朋友，在场上从位置到技术又非常互补，我一度天真地以为我们俩会一直打球到退役。我们队里还有一位白人前锋，汤姆·古格里奥塔，这个名字可能只有老资格的球迷才知道，但他是一名非常棒的球员，在进攻端的技巧全面而细腻。我们三人作为球队的三叉戟，帮助森林狼队在我加入后的第一个赛季就获得了突破，40 胜 42 负，森林狼队史上第一次打进了季后赛。我在新秀赛季，场均可以拿到 15.8 分和 7.8 次助攻。我和那年的状元秀阿伦·艾弗森都有机会获得最佳新秀，他的场均得分高于我，可费城 76 人队那年的战绩只有 22

胜，他拥有大量的球权和出手机会；而我则完美地成为团队的一员，也可以很轻松地拿到 20 多分的场均得分，但已经进入 NBA 的我已经不需要像读大学时那样在个人数据和团队成就之间做选择，我自然而然地变成了一名团队球员，场均将近 8 次助攻的数据非常直观地说明了一切。

我在第二个赛季打满了全部 82 场比赛，帮助森林狼队获得了 45 胜 37 负。这是森林狼队历史上第一次单赛季胜率超过 50%，连续第二年取得团队突破。

在我新秀赛季结束之后的夏天，凯文·加内特签下了一份 6 年 1.26 亿美元的合同，这即便在今天的 NBA 也同样是一份大合同，在当时就更是一份神乎其神的天价了，他成了 NBA 历史上第一个合同总金额过亿美元的球员。要知道，当时的明尼苏达森林狼队作为一支 NBA 球队的总价值也就在一亿美元上下，如果老板格伦·泰勒愿意卖，你又有钱买，你掏出一亿美元就能成为这支球队的新主人，但是这笔钱却不够你去聘请加内特来打球。

我打心眼里为我的兄弟开心，这是他和他的经纪人一起努力的结果，市场经济下，篮球就是生意，能打好篮球，也能谈好生意，才是正道。很多媒体后来说我因为这份合同而嫉妒加内特，甚至和他发生矛盾，这都是彻头彻尾的诬陷。其实在看到他拿到大合同的消息后，我想都没想就给他打电话表示了祝贺，NBA 球员虽然和普通人比挣钱很多，但我们的付出也同样巨大，在相对的层次上，我们也要与球队老板和联盟资方不断进行博弈甚至抗争，以获取更好的工作条件和报酬，加内特的成功并不仅仅属于他一个人。

不过加内特的这份大合同也确实影响了我对自己在森林狼队是否还有未来的判断，因为我不知道球队是否还会掏出这么多钱来签下我。那时的我对自己绝对自信，无论是数据还是实际的作用，我和加内特都是一对双星组合，我坚定地认为自己的表现会为自己赢得应有的尊重和金钱。球队也一直在安抚我，老板和总经理都说，等我的新秀合同结束了，他们一定要把我留在明尼苏达。

想不到的是，在我的第三个 NBA 赛季（同时也是我三年新秀合同的最后一个赛季）开始之前，联盟因为球员和老板之间的劳资协议纠纷而停摆了，一直到来年的 1 月才重新开赛。经过谈判，NBA 对球员做出了一些让步，但同时也添加了许多新规，其中就包括对每支球队付给球员多少薪水所进行的标准限定，我们把它称为“工资帽”，球队不能因为有钱就随便给球员付钱，而是要遵循一定的规则限制。加内特的合同已经不可更改，但他拿到这么多钱，就意味着球队整体的薪金空间会变得很少，在他身边的球员几乎不再可能拿到高薪。

时任森林狼队总经理凯文·麦克海尔有一天把我、加内特还有古格里奥塔同时叫到办公室，给我们灌了一大堆鸡汤，大意就是告诉我们应该以赢球为第一目标，而不是比较谁赚的钱多。

麦克海尔的理论没能说服我，我的信条是努力就应该获得尊重和合理的回报。当时我的薪水被限制在 6 年 7100 万美元，就是每场得 100 分也不能赚得更多，然后我还要天天看着自己的队友拿着 1.26 亿美元的合同在打球，这对于我是一种折磨。我不认为这是嫉妒，我刚才说了，我打心眼里为加内特高兴，但我认为这是一种制度的不公。

今天回想起来，当年的我确实有不成熟之处，但那个时候的我脑子就是那么简单。在明尼苏达寒冷天气的包围下，我的心情也越发阴郁，我对自己在森林狼队的前景严重缺乏信心。

在我和经纪人的要求下，麦克海尔把我交易到了新泽西篮网队。交易发生后，麦克海尔对我很不满，因为他亲手搭建起我和加内特的组合，现在又要亲手拆散，他感到自己的如意算盘落空了。他找来了一堆媒体，并对这些媒体说了很多我的坏话，说我自私自利，说我不可理喻，说我因为嫉妒加内特赚到大合同所以和队友把关系搞砸，等等。

不夸张地讲，麦克海尔是我职业生涯中第一个尝试毁灭我的人，因为他用谎言毁了我在 NBA 的名声，他无视我和加内特一起为森林狼带来的突破，他无视我在球场上的天赋和表现，他只因为不再能拥有我，就想搞臭我。有意思的是，很多年后，当我在 CBA 拿到总冠军以后，麦克海尔又是第一个想让我回 NBA 的人，我想都没想就拒绝了，不过这是后话了。

这是我第一次亲身经历篮球生意，是的，职业篮球就是生意，我需要做的就是确保不要让篮球生意里的尔虞我诈影响到我对篮球运动的热爱。这也是我第一次对 NBA 里的虚伪和阴险有所认识，麦克海尔本来是我非常信任的人，但是他伤害我的时候根本没有一丝犹豫。

我加入了新泽西篮网队，基本算是回到家乡了，因为新泽西和纽约只是隔着一条哈得孙河而已，曼哈顿的西边是新泽西，东边就是我长大的地方。我从来不掩饰自己想回到纽约打球的梦想，曼哈顿的正中央有一座篮球的“麦加圣地”麦迪逊花园广场球馆，那里的主队叫作纽约尼克斯队，我从小就梦想加入尼克斯队，但这谈何容易，现在能来到篮网队，隔着河岸能看到家，已经足够幸运了。我和篮网队签下了一份顶薪合同，这是我在 NBA 的第一份真正的大合同，它为我全家的生活提供了多年的保障，也为将来遇到困难的我提供了缓冲的物质条件。

不过遗憾的是，当时的新泽西篮网队是一支弱旅，我们开赛就经历了 2 胜 15 负的惨淡局面，整个赛季也没能好起来。那是一个艰难的时刻，因为自从我开始打篮球，我所在的球队就一直能打出好成绩，从林肯高中的纽约总冠军，到佐治亚理工的全国 16 强，再到明尼苏达森林狼的连续两个赛季打入季后赛且创下队史胜率纪录，在我的经历中，我不认为自己输过任何比赛，即便是输也都是没能百尺竿头更进一步，不影响我和我的团队的优秀。但是篮网不一样，在这里我就是拼尽全力也无法带队获胜，虽然我个人可以拿到场均 22.2 分和 8.4 个助攻，而且首次入选了 NBA 最佳阵容第三阵，但团队的持续孱弱让我很失望。

在篮网的第二个赛季，我们获得了 2000 年的状元秀肯扬 · 马丁，迎来了新主帅拜伦 · 斯科特，加上我们还有优秀的白人前锋范霍恩，我觉得我们应该有机会赢球了。结果刚开始比赛，范霍恩的腿就骨折了，一下子缺席了 32 场比赛。结果那一个赛季我们又是失望而归，球队只取得了可怜的 26 胜，虽然我个人在那一年成了 NBA 全明星，但是这不足以抵消我在团队成绩上的缺憾，我的内心永远把团队放在第一位。这时，麦克海尔对我的诋毁开始被一些媒体和球迷再次翻了出来，他们说马布里就是这么自私自利，他到了哪里都不可能赢来胜利。这些无中生有的话语让我着实有点头疼，可我也没有办法，大概就那个时候我开始告诉自己，要学会和这些负面情绪相处，但那个时候我没想到，之后几年的自己将一直被负面情绪和恶意中伤包围，甚至湮没。

新泽西篮网队想尝试做一些改变和重建，他们和菲尼克斯太阳队达成了交易，太阳队把传奇后卫贾森·基德送到篮网队，换回了我。篮网队希望基德的成熟可以带领年轻的马丁打出成绩，而太阳队则更希望拥有我这样的年轻巨星。

在篮网队的经历让我成了更好的球员，我进一步体会到了个人成绩再优异也代替不了团队的成功，我决心当一名更好的团队球员。我在太阳队遇到了很多好队友，中国球迷很熟悉的球员有“便士”哈达威、“巴西闪电”巴博萨、“小霸王”斯塔德迈尔、肖恩·马里昂……

我在太阳队的第一个赛季，球队在磨合中错过了季后赛，但是第二个赛季我们就快速崛起，获得了44胜38负的战绩，我、斯塔德迈尔和马里昂的三人组合场均可以拿到60分和20个篮板。虽然我们在季后赛首轮遗憾败给了圣安东尼奥马刺队，但是那个赛季是公认的成功赛季。在团队上，我们获得了菲尼克斯人民的认可和全联盟的肯定；在个人上，我保持着场均22分和8个助攻左右的稳定高质量输出，并且再次入选全明星和NBA赛季最佳阵容第三阵。我在球场上的声望达到顶峰，我被认为是一名全能后卫，是未来的超级巨星。

顺理成章，太阳队选择和我签了又一份顶薪合同，我可以拿顶薪一直拿到2009年。

我在太阳队的第三个赛季，球队遇到了瓶颈，总是无法在竞争激烈的西部联盟中对那些超级强队构成大的威胁，球队解雇了主教练弗兰克·约翰逊，转而聘请了麦克·德安东尼。德安东尼是中国球迷很熟悉的教练，后来在太阳队、尼克斯队、湖人队和现在的火箭队执教多年，虽然从未能达到顶峰，但也算是有自己鲜明的风格。

我和德安东尼在太阳队相处得还不错，事实上，我一直和主教练的关系处得不错，我是一个非常尊重教练的球员，也是一个非常愿意接受教练教导的球员，比如森林狼队的时任主教练菲利普·桑德斯就一直是我的良师益友。

德安东尼来了之后，我没打多久，就获得了一个上天赐给我的梦想成真的机会。纽约尼克斯队联系了太阳队，他们想要我去尼克斯！最终，尼克斯队付出了四名球员、一名潜力新秀的签约权外加两个未来选秀权的代价，从太阳队换来了我，同时还打包吃下了“便士”哈达威的合同。

虽然离开菲尼克斯让我很舍不得，因为我在那里真的度过了一段快乐又积极的时光，但是我必须承认，能获得尼克斯队的青睐，那比什么都重要，我什么都能放弃，只要能去尼克斯队打球。

纽约尼克斯队就是我的篮球图腾，除了上帝以外，尼克斯队就是我的精神支柱，是我的全部信仰。我就是纽约长大的孩子，十几年的少年时光，数不清的日日夜夜我都是看着尼克斯队比赛的画面，梦想着自己穿着尼克斯的球衣打球。

2003—2004 赛季常规赛进行了 34 场之后，我打包搬家，回到了纽约正中心，成了一名纽约尼克斯队的球员。

即便今天，谈到这个时刻，我仍然激动到颤抖，我到今天也一直爱着尼克斯队，虽然它早已经不是我年少时的那支梦想之队，虽然它已经因为连续十年的糟糕表现和破落运营沦为了 NBA 最大的笑柄，但是这都不能改变它是全纽约人最疯狂热爱的球队这个事实。

我一加入尼克斯，立即成了全纽约的宠儿，人们最爱看到的故事就是归乡的英雄带领家乡球队打出好成绩，整个麦迪逊花园广场球馆都在为我摇旗呐喊。我每次踏上球场，都能感觉脚下带着风，发着电，整座城市的灵魂与我合为一体，我家人和从小到大的朋友就坐在和我咫尺相隔的观众席上，他们看着我穿着尼克斯的球衣攻城拔寨。这就是当时的我做过的最美的梦，也是当时的我拥有过的最美妙的经历。

那一年的尼克斯队新聘请了 NBA 传奇球星伊塞亚·托马斯作为总经理，是他把我换到了尼克斯，我来了之后，球队又聘请了兰尼·威尔金斯当主教练。我太喜欢威尔金斯了，中国球迷可能不熟悉他，但他是一名名人堂篮球运动员，同样作为后卫，他传授给我许多终生受用的知识和技能。在我来之前，尼克斯那个赛季的表现非常糟糕，但是我加入之后，虽然留给我的只剩下半个赛季，但我愣是带队迎来反转，带领尼克斯进入了季后赛。我为了让尼克斯取得团队成功，进一步调整着个人打法，我后半赛季的场均得分甚至降到了 20 分以下，只为了能更好地把精力放到防守和串联进攻上，我单赛季 719 次助攻冠绝全联盟，出场时间也是全联盟第三，我拼尽了全力。

遗憾的是，在我们进入季后赛时，球队里的伤病太多了，比如我们的另一个得分武器“中投王”阿兰·休斯敦就在常规赛末尾遭受伤病缺席了六周，我们的硬汉库特·托马斯也有了伤病，所以我们在季后赛首轮输了球。

令我怎么都没想到的是，这居然是我在尼克斯队取得的最好成绩，我在家乡的所有辉煌就停留在2003—2004赛季的季后赛首轮了。

如果是到此为止，我的NBA生涯都是稳稳上升的话，那么从这一刻往后，命运开始跟我开玩笑，我开始坐上那辆不受我控制的过山车，一路癫狂，一路向下。

2004年的夏天，我因为优异的表现入选了美国国家队去打雅典奥运会。我和时任美国国家队主帅拉里·布朗发生了矛盾，他甚至一度要把我逐出球队赶回美国，那是我成为运动员以来第一次和主教练合不来，我不认为是我的问题，但这仿佛开启了我在NBA的万劫不复。

那年的美国队表现令人大跌眼镜，只拿到了铜牌，尽管我的出场时间是全队第一，还在打西班牙的一场比赛中拿到31分，成了美国队历史上第一位在奥运会中单场砍下30分以上的球员。可是拉里·布朗尝试把所有输球的责任都推到我一个人身上，方法和说辞还是那一套，找媒体描绘我有多么多么自私……其实他才是有问题的那个人，他和个别明星球员的相处能力不强，在费城76人队就和阿伦·艾弗森搞不好关系，他也是自1992年美国篮球梦之队之后，第一个带领NBA球员出战却不能在国际大赛上赢得金牌的主教练。

奥运会之后的2004—2005赛季，我的个人表现依旧出色，但是尼克斯队却因为各种各样的问题，开始走下坡路。兰尼·威尔金斯半程不到被解雇了，换上了赫伯·威廉姆斯当教练，他只带队到赛季结束就又下去了。2005—2006赛季开始前，拉里·布朗居然被聘为了主教练。

拉里·布朗当教练这件事将我的尼克斯生涯一下子推到了悬崖边，

因为我们在雅典已经闹得不可开交，很明显无法共处，我不理解球队为什么要把他请来。我告诉老板詹姆斯·多兰和总经理伊塞亚·托马斯，我没法和拉里·布朗共事，而且他也不适合尼克斯队。但是老板和总经理听不进去我的意见，他们还是和布朗签下了 4 年的合同。

作为一名职业球员，不管我在球场上多么强大，但在球场外都有太多我不能控制的事情，在某些情况下，我也会成为弱势的那一方。那时的我正身处巅峰期，场均接近两双，而且我已经大幅度地改变了我打球的方式，已经完美地控制好个人和团队的平衡。那个时候连媒体都说，马布里已经真正成了一名球队的领袖，是一名超级巨星了。

可这一切，从拉里·布朗到来时就开始改变了，因为说一千道一万，球员再厉害也需要教练给机会啊。

正如我的预测，拉里·布朗完全不能胜任尼克斯的主教练，只执教了一个赛季就下台了，可笑的是，尼克斯队还要继续支付他剩下三年的全额薪水。在我眼里，拉里·布朗简直是这个世界上最成功的商人，他只干了一年的活，就拿走了四年的钱，还有比这更好的生意吗？

伊塞亚·托马斯亲自接任了主教练。这时的托马斯已经不是刚刚上任尼克斯总经理的托马斯了，他大权在握，整个人都变了。他把尼克斯队上上下下弄得乌烟瘴气，不但在篮球层面上无法做出正确的决策，也无法在行政管理上做好自己的工作，他甚至因为办公室性骚扰案件让球队为他的错误支付了上千万美元。然而球队老板多兰始终意识不到自己的用人不善，同意了托马斯兼任主教练，并且还因为他职责的增加而给他加了薪，更加巩固了他在球队的话语权和掌控权。

一个组织让某个人拥有绝对的权力是非常危险的，托马斯亲自证明了这一点，他兼任主教练和总经理的日子也仅仅维持了一个赛季就黯然落幕，被醒悟过来的老板扫地出门。但是就是这一个赛季，他亲手把我推下了深渊。

一切都发生得太快了，我现在想起来都觉得不可思议，如果能回到过去，并且还保持我如今的成熟和睿智，我还是觉得我会再次走入同样的陷阱，被同样的方式再狠狠伤害一次。

托马斯根本就不是当教练的料，在他的治下，尼克斯的成绩无比糟糕。NBA 联盟的生存环境是残酷的，即便你在一支球队里呼风唤雨，你也要想办法保住自己的位置和资本，而要想在逆境中保住自己就唯有“甩锅”给别人。托马斯很快就因为执教不力遭到了媒体和球迷的攻击，那时的尼克斯队里只有我是明星，把“锅”甩给别人是行不通的，于是他就开始在我身上动脑筋，说我打得不够好导致球队战绩不佳，说他要对阵容进行调整和试验以获得新的突破，比如让我打替补。

那时候的我没有能力去处理这么复杂的情况，我不明白为什么一夜之间我从最好的当家球星变成了替补，而且还要承担这种根本就不属于我的责任，于是我和托马斯的关系开始恶化并逐渐产生摩擦，最终在一次客场之旅的航班上和他爆发了争吵。

如果仅仅是球场上的问题，那我还可以慢慢好起来，但球场下的事情太突然了，这也是为什么我说我的人生从那个时候开始就进入了一个我根本无法自己控制的阶段。

在短短三周时间里，我最敬重的启蒙教练、我还有我妈妈最亲密的一位阿姨，以及我至今不愿接受他离去的那个人——我的父亲，先后离开了人世。一个接着一个，仅仅用了三个星期。

那是我人生中第一次面对至亲的生离死别，我以前曾经面对过好朋友的不幸去世，但当死神以这样的方式和速度盯上了我的亲人时，我必须承认我恐惧了。

关于我父亲去世的故事，很多球迷都听说过，他当时正在尼克斯主场看球，他是在我的比赛过程中突然发病倒下的，但是尼克斯队选择不告诉我，让我继续完成比赛，打完比赛的我失去了父亲，没见到他最后一面。

生活远远大于篮球，有谁会放下自己的父亲不管而坚持工作呢？又有哪个老板和雇主有权力要求自己的员工在亲人的生死面前选择工作呢？我一生的梦想之地麦迪逊花园广场球馆居然成了我父亲失去生命的地方，我篮球梦想的终极目的地纽约尼克斯队居然眼睁睁地看着我父亲死去并且选择瞒着我。

在那样的情况下，托马斯依旧不肯放过我，还是急于寻找球队战绩不佳的替罪羊，拥有权力的他操纵了媒体，慢慢地通过媒体向大众传递和渗透我的糟糕形象。他们把我描绘成球队的毒瘤，说我的精神和身体状态已经不适合再给尼克斯打球。

那是无比艰难的岁月，我今天也还能回想起那种脖子被勒得紧紧的却还在努力张大口呼吸的窒息感。

但我想提醒各位的是，即便是那样的情况，我还是挺得住，虽然我的精神状态因为亲人的离世已经变得支离破碎，可我依然还在训练还在打球，因为那是我唯一的出口，要不是篮球，我简直没有活下去的可能。

托马斯多行不义必自毙，在尼克斯这几年的胡作非为终于到了尽头，仅仅一个赛季，他就被扫地出门，可是他对球队还有我个人造成的伤害却很难弥补。

很快，尼克斯迎来了主教练德安东尼，这样一来，在短短三个赛季的时间里，尼克斯更换了 5 名主教练……

我和德安东尼在菲尼克斯太阳队短暂合作过，我们的关系没有大问题，但是当德安东尼来到尼克斯时，大家的情况发生了改变。德安东尼急于想做出成绩和改变，需要树立起自己的带队风格和用人策略，同时出于管理的私欲，他做的第一件事居然是清理旧部。虽然我和托马斯的关系早已经破裂，并且因为一系列事件闹得满城风雨，但是德安东尼不管这些，粗暴地把我划归为托马斯时代的遗留问题，从一接手就不想给我机会。他授意管理层交易来了克里斯·杜洪，并且告诉我，克里斯会是球队新赛季的先发控卫，我在这个球队没有位置。

我不理解这个世界怎么了，不知道自己犯了什么错误。克里斯·杜洪和我根本不是一个层次上的球员，当然，我并不是对他个人有意见，只是觉得拿克里斯作为顶替我的理由，是不是有点太牵强了。托马斯已经被扫地出门，他的所有操作都已经被证明是一团糟，那和他发生的那些矛盾和闹剧给我带来的负面标签和影响难道不应该从我身上自动消失吗？我接二连三地失去亲人，导致精神状态的跌落，难道这也是我的错吗？

但说一千道一万，咱们球场上拿实力说话，在训练场上，我快速恢复了自己的状态，依然是全联盟最优秀的球员。所有那些场外的事情都发生得太快，但是只要静下来，我的实力并没有丝毫的改变。

德安东尼比我还清楚我的实力，但他也很清楚自己想要达到的目的，他死死地把我按在板凳上，愣是不给我一分钟上场时间。纽约球迷都懵了，他们不知道为什么当家球星一夜之间失去了出场时间。德安东尼开始还能说实话，说我们决定把球队的风格和方向换一换，言外之意就是要把我交易出去，那这也算是一种合理的做法，因为球员一旦被列为潜在交易对象，球队就会限制或者停止他的出场以避免出现伤病影响交易。但是德安东尼很快就改了口径和做法，开始说我不好好训练，说我拒绝比赛，说我缺乏职业道德，等等。其实真相很简单，就是他虽然想赶我走，但球队老板并不想把他的当家球星就这么送走。德安东尼为了达到自己的目的，就开始变本加厉地针对我，让我不舒服，“创造”并积攒我的负面材料，然后通过媒体的嘴巴把这些信息进行加工和传播，反过来去影响高层对我的看法。

不得不说，德安东尼的这一套操作真是精妙绝伦，没过多久，我就成了全联盟数一数二的球队毒瘤，有一种让人避之不及的感觉，仿佛任何球队要是拥有马布里马上就能破产倒闭似的。

有一次客场之旅，我在赛前特意问德安东尼我这次会不会有机会上场，如果确定上不了场的话，我就穿休闲服出发了。德安东尼告诉我，肯定上不了场。结果到了比赛日，他跟媒体说，马布里太不职业了，他居然穿着休闲服就来球馆了，他这是赤裸裸的挑衅。我看到媒体的报道时惊呆了，直后悔自己没有把之前和德安东尼的对话录下来。

他知道那是我的合同年，我需要好的表现去签下一份大合同，于是他选择不让我打球，不让其他球队看到我的好状态。对于我这个层次的运动员来说，参加比赛是保持状态的重要方式，仅靠训练是不够的，而更过分的是，他在训练中也不让我参与对抗，等于我一下子变成了无球可打。

我连续几个月没有任何机会，突然有一天，德安东尼要求我首发出场对位阿伦·艾弗森，我直接拒绝了，因为这是完全不合理的要求。四个月的时间让我无球可打，状态全无，现在让我上去面对联盟里最顶尖的后卫，这是在挖坑让我往里面跳啊。我在那种情况下一旦上场必然被艾弗森打爆，这样他就有了更多材料来嘲笑和攻击我，其他球队也会误以为我的实力已经下降了。

因为拒绝进入这个他设置好的陷阱，我又背上了拒绝比赛的恶名，还被罚款 40 万美元。

纽约尼克斯看到这种局面也终于不再坚持留下我，可那个时候我已经几个月没有上场，状态不明朗所以交易价值不高，留在队里又要继续被德安东尼针对，影响球队整体的氛围。尼克斯开始和我谈买断，希望我能离开球队成为自由球员去加盟别的队伍，但是买断合同，球员是会损失钱的，如果我同意的话，我要损失五六百万美元。

我合同上的每一分钱都是辛苦挣来的，我长期的实力和表现配得上我的薪水，德安东尼伤害我也就算了，现在尼克斯居然跳出来公然要抢劫我，对，这就是抢劫，是一种不会被判刑的犯罪行为，我不能允许它发生。直到现在我也觉得我做了正确的决定，虽然当时这让我进一步付出了代价，但我守住了底线，没有被球队欺负到失去应得的报酬。

纽约啊纽约，生我养我的地方，我长大离家之后魂牵梦绕的地方，在短短一年多的时间里成了我的地狱，因为各种各样的原因，一个又一个的主教练针对我、伤害我。他们都是和媒体合作的高手，在他们的运作下，我的名声急转直下跌到谷底，我成了人们眼中的问题球员，失去了所有尊严、名誉和机会，我连球都打不上了。我失去了亲人，失去了篮球，失去了作为一个公众人物的脸面。纽约啊，你是要我在这里被埋葬吗？

在这里我必须再给你们解释一下媒体在美国的作用，我不止一次提到了媒体。

我痛恨美国体育媒体，也惧怕美国媒体，因为他们看似公正客观，其实为了利益会和任何人合作，利用自己的力量把坏事干尽。

美国的媒体拥有非常自由宽松的环境，他们也很重视公信力和信息的真实程度，因此，他们也拥有了很大的权力和能量，在他们的笔下和口中，一件事情和一个人可以被他们按照自己的规则塑造成任何样子，这是非常恐怖、非常强大的权力。美国的媒体很少有假新闻，他们的信息来源都必须经得起查证，所以他们说什么写什么，很少有人怀疑。但实际上有一个重要的环节存在漏洞，就是你怎么证明给你信息源的这个人说的就是真的呢？尤其是当这个人掌握了强大的话语权时。如果有人去查证，就会说，你看，德安东尼真的说了马布里拒绝比赛，所以这条消息一定是真的。

在报道的时候，他们是有选择的，既可以选择按照德安东尼的口径报道称我拒绝比赛，也可以选择深入报道倾听多方声音，最后非常客观地呈现出真实的情况，让观众和读者来做自己的判断。

媒体需要不断挖掘深度新闻和独家故事，在体育界，媒体还需要能够爆料，而这些都得靠他们在球队和联盟中的“线人”，也就是所谓的消息源。但这些线人不会平白无故给你消息，一切都是有交换的，你想从我这获得爆料或者故事是吧，那你就得在我需要的时候帮我从特定的角度写一些故事，以通过媒体的力量实现我的目标。

这在 NBA 是不成文的规矩，到今天更是愈演愈烈。球员、经纪人、主教练、管理层各个都有自己的“媒体合伙人”，他们会通过媒体制造有利于自己的爆料和故事。球迷们大多不知道，也不理解。

我在纽约的最后一年，就是活活被媒体给害死了，各方势力出于不同的目的，都要拿我开刀。德安东尼开始是要清理旧部而赶走我，后来赶不走我就想废了我；俱乐部开始是要留下我看看有没有交易价值，后来发现德安东尼那边铁了心要毁我，恐怕我没交易价值了，于是就想买断我；我的一些队友也是心怀叵测，开始和媒体合作来构陷我，以呈现出自己的职业形象，并且和主教练还有管理层站在一边，以此为自己谋求更好的球队位置；而媒体呢，好的坏的统统收下，他们不怕故事太多处理不好，就怕没有故事，他们就是靠这个吃饭的。纽约本来就是全美国的焦点，纽约的媒体更是可以做到吃人不吐骨头，那些记者、编辑、主持人、评论员，像是上足了发条，全年无休地用各种方式猛烈地抨击我，让公众开始质疑我并最终嫌弃我。

我一度以为自己扛不住了，因为我不知道该怎么办，没人愿意听我说真相，我就是说了，他们不写，也不信。一直留在尼克斯，即使不买断合同，也不是个好办法，因为我将会被废掉，我的身体和技术没有办法在那种情况下继续保持良好，我可能真的会被废掉。

我只能求助于球员工会，工会为我请了律师，我开始和尼克斯对簿公堂，要求他们给我公平的待遇，同时支付我应得的全额薪水。

就在这时，我接到了波士顿凯尔特人队的电话，他们有意让我加盟。凯尔特人队前一个赛季刚刚拿下了总冠军，卫冕之路上希望能拥有我这样的球员完成拼图。我很快和纽约尼克斯达成了买断协议并随后加盟了凯尔特人队，我只损失了大约十分之一的工资，在一片狼藉中和尼克斯队戛然分手。

开车北上，四个小时之外的波士顿正在等着我，但那时的我实在无法释怀，不知道这到底是怎么回事，我用三十年来追求一个梦，然后一年之内这个梦就碎了，碎片还把我自己扎到遍体鳞伤。我没有地方去倾诉去喊冤，我生命中最重要的那个人，能帮我度过这些艰难岁月的人，我的父亲，已经在一场尼克斯的主场比赛中永远离开了我。

我真的不知道，这一段路是怎么走成了这样，下一段路又会变成什么样子。

凯尔特人队第一次拯救了我

不管下一段路是什么样的，我都没有选择，生活无论如何都要继续，而人们其实并没有时间去认真了解一个人和一件事情的真相。

不管是在中国还是在美国的媒体中，如果你去搜索我的故事，关于我在纽约尼克斯的一切都有无数充满细节的版本，但关于我离开尼克斯之后到去中国之前的这段生活，故事却变得出奇的简单，就是我在不断堕落再堕落，彻底迷失了自我，成为 NBA 的弃儿……

其实事情根本不是这个样子，但我渐渐意识到，人们没有兴趣去了解真相，只去相信他们愿意相信的事情。比如看到一个 NBA 球星落魄之极会满足他们的某种心理情绪的发泄，他们喜欢围观别人生活中的悲剧，然后假装站在道德的制高点上高谈阔论，其实是在暗中火上浇油。总有一些人，最希望看到的就是别人活得不好。

在球员工会帮助我和尼克斯队进行劳动仲裁期间，波士顿凯尔特人的一些球员开始联系我，他们劝我不要再在尼克斯身上浪费过多的时间，我已经很久没有球打了，如果再这样拖延下去，就不光是薪水会受损失了。同一时期，联盟里也有其他球队开始关心我的状况并且希望我能加盟，我的实力毕竟摆在那里，只是名声已经被尼克斯队联合媒体搞臭了。这些球队担心的不是我的水平，而是我是否能控制好自己的行为，是否能成为球队更衣室里的一员。

那个赛季的波士顿凯尔特人队可谓春风得意马蹄疾，作为卫冕冠军队，他们信心满满，踌躇满志，球队里的三巨头包括绿军之魂“真理”保罗·皮尔斯、我的老熟人凯文·加内特，以及和我同时被选进 NBA 并且被森林狼和雄鹿队交换的雷·阿伦。凯尔特人队的实力非常强大，外界普遍认为他们能成功冲击冠军，至少可以轻松冲出东部。但是球队先后出现了一些伤病，控卫位置上除了新星拉简·隆多以外缺乏稳定的支撑，我的加入可以为他们带来一些保障。

这个时候媒体自然不会放过我，他们开始炒起了冷饭，翻出许多年前我在明尼苏达森林狼队的旧事，说我当年如何嫉妒加内特的大合同，如何不想在森林狼队打球而和加内特闹掰。且不说这件事本身就不是他们讲的那样，就算是，这也过了许多年，谁还会永远停留在过去呢？但这些对我充满敌意的人最热衷的就是停留在过去，他们最害怕的就是看到我不断前进。

加内特和我不得不通过媒体公开表达愿意重新相聚共同打球的想法，而皮尔斯和雷·阿伦也都先后站了出来，表示出对我的欢迎。有一个媒体问雷·阿伦：“马布里如此劣迹斑斑，你不害怕他来了以后把凯尔特人球队氛围搞得一团糟吗？”雷·阿伦说：“我不认为马布里的名声会成为我们球队问题，名声只是名声，真实的情况要等到他加入后我们才知道。我们的更衣室领袖是道格·里弗斯教练，他会知道如何带领球队，而我们的球员会确保自己每天都精神抖擞地投入训练和比赛，那些多余的烦恼不属于我们。”

我被纽约尼克斯折磨到了极限，球场上和球场下的所有事情都纠缠着我。我在纽约的最后一年多里，一直沉浸在至亲去世的悲痛中，同时还要面对尼克斯队的各种伤害，他们根本不管我的死活，我已经走到崩溃的边缘，只是无人过问。加入波士顿凯尔特人队，是我从死走向生的第一步，即便这一步本身也是磕磕绊绊的，而且它带来的转变并不是立刻出现的，但是任何事情如果想出现转机就必须要有第一步。

凯尔特人队是一支真正的 NBA 总冠军球队，我从来没有在一支总冠军球队中待过，而且凯尔特人队是一支有悠久历史的传奇球队，整个球队上下都有着一种贵族气质和一股冠军血脉，这是一种看不见摸不着却能注入你身体和精神里的力量。

主教练道格·里弗斯刚刚获得了自己执教生涯的巨大成功，他对于我的到来表示了欢迎。在我们的面对面谈话中，他告诉我：“斯蒂芬，我知道你在纽约都经历了什么，我很高兴能有机会让你到凯尔特人来，要不是这一切糟糕的经历，以我们的薪资空间是不可能拥有你这样一位全明星球员的。你已经将近一年没有上场打球了，你的状态肯定不好，所以你的任务就是耐心好好恢复，重要的是在心理上找回曾经的自己。我现在不能向你保证任何出场时间和场上的位置等等，但我能保证的是，在这里的每个人都和你以前遇到的人不一样，在这里的每个人都只有一个目标，那就是团结一致夺取总冠军，所以没有人会伤害你，没有人会让你再次经历你在纽约的那些噩梦。”

里弗斯教练说到做到，他为我营造了一个非常简单的环境，简单到只有篮球，这是我已经很久都没有拥有过的环境了。

在见完里弗斯教练后，我在球队的第一次合练中就和皮尔斯、加内特和雷·阿伦进行了单独的交谈。我们聊了很多，我向他们解释了一些我的想法，他们也和我说了各自对我加入后的想法和期待。

我加入球队没多久就迎来了首秀，在我被换上场时，波士顿北岸花园球馆的观众对我致以了热烈的掌声和欢呼，而且全场球迷都起立了。天啊，我有太久没有这种感受了。我其实不是很确定波士顿的球迷会不会欢迎我，但看来一切都不错。

然而我必须承认，虽然只是短短一年多的时间，但场上场下的这一切事情对我的折磨与消耗都太大了，而且因为没有比赛，我的身体状态确实和自己的正常水平有着天壤之别。在我的首秀里，我只打了非常有限的时间，拿下了 8 分和 2 次助攻，单从数据上看，这完全不是我。要知道，上一次我出场打球时，还一个全明星球员，可以轻而易举拿下二十几分和十几次助攻。

但无论如何，能回到球场就是好的。赛后，从里弗斯到皮尔斯都对媒体说了很多肯定和鼓励我的话。皮尔斯说任何球员在一段时间没打球后都需要一段时间来恢复。而里弗斯更是说，我身上那种绝对巨星具有的意识和节奏是谁也偷不走的。加内特也在这个时候站了出来，他说：“马布里的篮球智商非常高，他是全联盟最顶尖的控球后卫，他明显还很有实力，只是需要时间去恢复。”

这支冠军球队本身已经很稳定，我是他们的一个补充，并不是他们的领袖，甚至不是他们倚重的球员，我只需要做好那几分钟的事情就好。我知道，虽然大家嘴上都说得很好听，但其实过去的一年，我已经被纽约毁得差不多了。我保持耐心，努力恢复，上场的时间和机会还是很少。我能感觉到自己的体内有一团火，但是这团火下面的柴火总是不够多，所以火候也总是不够大。

我加入凯尔特人队时，离常规赛结束只剩两个月，留给我的时间实在不多。季后赛转眼就开始了，凯尔特人队的状态一般，不过首轮还是轻松战胜了芝加哥公牛队，挺进了东部半决赛。

这是我加入 NBA 以来第一次打入季后赛第二轮，我一方面很兴奋，我还从来没有呼吸过季后赛第二轮的空气，另一方面也很失落，我本来是带队打球的明星，现在却成了随队打球的角色球员。虽然我非常努力，但这种心理落差还是难免会有的。

在季后赛第二轮，我总算打出一些亮眼的表现。比如在我们和魔术队 2 比 2 打平之后的天王山之战中，我们直到第四节还落后 14 分。这时我获得了上场机会，我一个人在第四节拿下了 12 分，帮助球队反败为胜拿到系列赛的赛点。

不过，这就是我在凯尔特人队拥有的最巅峰时刻了，我们后来输给了魔术队，卫冕征途失败，我在 NBA 的日子也就此结束了。

我在波士顿重新打上了篮球，但是这跟我熟悉的篮球生涯和节奏实在相差太远了。虽然我知道自己需要时间恢复，但是我的实力其实回升得很快。一个像我这样的球星，刚刚过了 30 岁，还正处于巅峰状态，即便是一年没打球，也依然应该是个年薪千万美元级别的重要球员。我很快就意识到别人不是这么想的，他们不相信我的油箱里还有油，认为我已经山穷水尽。令我痛苦的是，我没法和他们争辩，因为争辩会进一步摧毁我的名声，我也没法证明给他们看，因为我上场时间实在寥寥无几。

这段在波士顿的日子我过得很低调，无论是场上还是场下都没有任何波澜，虽然还是会有好事的媒体不断等待，甚至尝试去挖掘一些有关我的爆料，但我就是一个球队的角色球员，实在没什么可说可写的。如果说纽约几乎将我埋葬，那波士顿就是我疗伤并重新站起来的第一步，我从人生的最谷底开始决心向上爬，只是我还不知道该往哪里走。

我很感激波士顿在我最艰难的时刻拉了我一把，虽然我在波士顿没有取得篮球意义上的成功，但最起码那半个赛季的时间我过得相对很平静，停止了人生继续下坠的趋势。最为重要的是我有机会身处于一支历史如此悠久且深具冠军血统的团体中，这样的经历非常宝贵。如今回头看，虽然当时的我没有意识到，但凯尔特人队的冠军气质和作为一个冠军球队一员所需要具备的素质已经在无形中改变了我。我在凯尔特人队韬光养晦，学到了很多经验，开始观察和思考到底该如何成为一名真正的领袖球员，这都为我后来在 CBA 和北京首钢队一齐拿下三个总冠军并建立王朝打下了基础。

第二章 完全不同的太平洋彼岸

中国？从不可能到试试看

在凯尔特人队打了半个赛季，结束的时候，我的顶薪合同也结束了，即便按照最坏的状况来估计，我也应该能签下一份价值 800 万美元左右的中产合同。我被尼克斯整得一年没打球，在凯尔特人过渡了大概三个月，但一年零三个月之前，我还是纵横球场的巨星，就算考虑到这段时间对我的影响，我的水平也还是放在那里。我的设想是，如果联盟里的球队不愿意和我签长约，那我也可以接受一年的短约，用一年时间证明自己然后再谋求下一份大合同。可是我的经纪人联系了联盟里的很多球队，居然没有球队愿意签下我。他们不愿意给我任何合同，原因五花八门，但无非拿我的状态当作借口，其实是因为他们都觉得我会是一个大麻烦，他们质疑我的职业道德和精神，在他们的脑子里，我依然是被纽约尼克斯队丑化之后的“独狼”马布里。

这对我非常不公平，我百口莫辩，不知道到底要怎么做才能让人们相信在尼克斯发生的那一切并不是他们看到的那个样子。在上一个章节我已经讲了美国的媒体是如何“发挥作用”的，我虽然理解这些潜规则，但它们带来的长远影响还是不断刷新着我的认知和想象。

最后倒是波士顿凯尔特人队给了我一份合同，他们想让我留下来接着和他们再次冲击冠军，他们保留了三巨头和大部分班底，决心来年再战。这对我是一个安慰和肯定，因为最起码也能够证明我并不是那个没有职业道德的坏人，否则极其重视团队氛围与合作精神的凯尔特人队怎么可能想留下我。凯尔特人队上上下下都知道真相是怎么回事，因为他们和我相处了几个月，对我的了解比报纸上和电台里夸张演绎的那些故事要准确得多。

问题是，凯尔特人队给我开出的合同是一份老将底薪……

底薪？我怎么可能是一名底薪球员？老将？我明明正值巅峰。怎么说呢？凯尔特人队的这份合同把我推到了一个极其尴尬的位置，这是我当时收到的唯一一份合同报价，但是金额只有可怜的 130 万美元。

这开始让我再一次认真思考起自己的现状和未来。我是应该接受这份底薪合同，在接下来的一年中重新证明自己，还是有什么别的选择和办法？说实话，我是感觉很受伤的，因为这样的局面其实证明了我在 NBA 这个市场中的现存价值，一年两千多万到一百万出头，二十多倍的缩水，仅仅是一年半载的工夫。如果我接受了凯尔特人的合约，我在凯尔特人的角色就会被定格，因为我将是队里赚得最少的球员，我的上场机会可能还会寥寥无几，那我就彻底完了，只能一年一年去等待这样的老将合同。

我明明还可以打出水平很高的篮球比赛，可怎么突然之间就没人相信了，绝大部分人都认为我的 NBA 生涯没有必要再继续了，无论我和我的经纪人怎样去和大家沟通，但这个局面看来是无法更改了。

左思右想下，我做出了一个决定，拒绝凯尔特人队的合同，给自己放个假，再寻找新机会。

我做这个决定首先是因为这份合同以及它能给我带来的机会实在是让我太不满意了，拿着这样一份让自己心里无法接受的合同，还要在球队里扮演非常不起眼的角色球员，我觉得从篮球层面考虑不值得。那既然不值得，我就得想办法寻找突破，可当时别的队都不给我合同，整个舆论环境对我也完全谈不上友善。纽约尼克斯不堪回首的经历带来的负面影响依然像鬼魅一样缠着我，我硬顶肯定没戏，不如退一步，等一等，也许赛季开始前或者开始后有球队会回心转意给我开出更配得上我的合同，又或许我可以去海外找机会打上一个赛季，NBA 里不乏离开后又能成功返回的球星。更重要的原因是，在过去的这段时间里，我真的已经身心俱疲，在亲人接连去世的时候我本身就已经处在崩溃的临界点，在球队里和媒体环境中又遭到如此不公的待遇，我险些就扛不住了，需要时间好好休息和调整一下。

于是我对外宣布，将拒绝接受凯尔特人队开出的老将底薪，用接下来一年的时间暂时离开篮球，专注于自己的商业开发，但是我特别强调，这不是退役，我并没有打算退役，我计划在一年之后重返 NBA。

媒体对此的解读不出我的预料，他们说我就是没人要了，没球打了。对于这种解读我已经不再那么在意，因为单就这一点而言，他们说的不算夸张，除了凯尔特人队，居然没有其他任何一支球队联系我，他们从根本上还是认为我在篮球场上的竞技水平出现了问题，不相信我的实力。

如果那个时候有哪支球队，或者有哪个总经理和主教练能够站出来力挺我，给我一份像样的合同和一个有保障的球队位置，我的人生就可能走向完全不同的另一个方向，我可能不会来中国，而是会继续留在 NBA 里迎来又一个高峰。但是在高峰之后，我也将迎来再一次跌倒，因为谁也不可能永远维持在高水平状态，再精彩的表演也总有谢幕之时，我所处的环境已经没有任何信任和支持。

我就这样迎来了自己人生中的一段闲暇时光，既是主动的，也是被动的，我当时确实没多想，只想着给自己换个环境喘口气。我停止了高强度的训练，因为如果身体休息不下来，心情就也不可能放松。

我也确实开始花更多时间去照料我的生意，那个时候我已经和美国一家鞋服公司合作推出了我自己的篮球鞋产品线，这件事情是我至今都为之感到骄傲的，是整个美国没有其他任何一个运动员能够做到的。当我遇到困难时，没有任何一个人愿意站出来指出我做过的好事，他们好像生怕我做过的好事会“抹杀”他们对我的定性和恶毒批判，但这无法改变事实，若干年后，当人们再次回看时才能重新意识到我做了多么伟大的事情。

我自己开发并落地了一个叫“星布里”（Starbury）的篮球鞋品牌，每双“星布里”鞋的售价是 14.98 美元，这是什么概念呢？一双乔丹鞋在美国要卖到 150 到 200 美元，一双中端篮球鞋是 100 到 140 美元，一双低端球鞋，甚至是入门级球鞋，也要大几十美元。而 50 美元，即便在今天的美国，也可以让贫困家庭的几口人吃上一两个星期的饭。他们怎么可能在保证生活正常开销的情况下还有额外的钱来购买球鞋？如果不考虑品牌，最便宜的杂牌鞋也总要二三十美元，而那些鞋子的质量都不太好。

打篮球的孩子心中都有偶像，偶像所带来的品牌价值和精神动力对他们是有促进和激励作用的，而我们的篮球偶像都在做什么？他们在和大品牌商合作，想尽各种办法把造价非常低廉的普通球鞋的价格做得越来越高，根本不在乎大部分底层人民是否能够承受得起，他们只在乎中产和富裕阶级是否能够反复购买，给球鞋加上各种各样可以炒作的外壳和故事，在市场推广和品牌营销上花了无数钱，最后再成倍地从人们身上收割回来。他们创造并推广着所谓的球鞋文化，其实那早已经演变成富人的游戏，极少数人掌握着大量的资源并且给广大人群贴标签，问题是他们手里的资源并不珍贵，那只是一双鞋子而已，从他们手里高价出去以后就很难再值什么钱。鞋子存在的意义是让人们穿上它去完成需要做的事情，而不是被人们摆在柜子里鉴赏。

我是从科尼岛的街头一点一点打出来的，磨坏了不知道多少双鞋。我的爸爸妈妈一直很努力地确保我有质量靠谱的篮球鞋穿，因为一双好鞋子确实能够保护运动员的双脚和身体，帮助运动员有更好的发挥，但我的爸爸妈妈为此也很辛苦，他们打工好几天可能也赚不到买一双鞋的钱。

当我推出“星布里”球鞋时，我正是如日中天的巨星，球鞋大品牌商都和我谈过合作，开出过价码，我可以选择跟他们合作，那样的话我什么都不用干，只需要穿着他们的鞋子和衣服，然后等着他们把巨额的美元支票存进我的银行账户就可以了。但是你们都看到了，我做出了至今其他任何一名球员也没有做到的事，放弃了唾手可得的巨额经济利益，选择自己出来吃力不讨好地做球鞋，而且做的还是价格极为低廉但质量和品牌都丝毫不打折扣的球鞋。最近这些年来也有零星的球星愿意出来自己做球鞋，可是他们的目的无一不是想要赚更多的钱，他们甚至可以把自己的球鞋卖到几百美元一双，用疯狂和贪婪这样的词汇去形容他们都显得不够了。

我穿着“星布里”在联盟里大杀四方，向所有人证明了，14.98 美元的球鞋就足以应对 NBA 级别的对抗。开发这款球鞋的投资和花费我自己也承担了相当一部分，我的想法和实践都获得了一定的回报，“星布里”球鞋在美国卖得不错，尤其在平民社区和贫困社区中广为流行。好多孩子给我留言，说他们终于可以穿上一双 NBA 球星的签名鞋了。

NBA 球星的工资收入远远超过美国社会大众的收入，但是高收入的背后却是运动员的高花销和其他糟糕的理财习惯。所有运动员的收入尽管是普通人几辈子甚至几十上百辈子都赚不到的钱，但是一旦退役，运动员的破产率却非常高。同时，很多 NBA 球星都面临着一个大问题，就是我们都是从贫困的社区走出来的，我们身边的家人和朋友有一大帮，如果没有他们的一路扶持，我们根本成不了球星，所以我们赚了钱以后还要拿出很多钱来帮助家人，我也不例外。我负担着一大家子的生活开支，还会利用自己的便利为家族里的亲人和其他亲近的朋友寻找工作机会，这是一种传统，更是一种责任。当然，如果处理不当，赶上贪婪无度的家人，再多钱都可能被败光，这些人在外的举动还可能会给自己惹上麻烦。我至今还保持着这个传统，还在用自己的方式支持着我的家人，比如我的兄弟姐妹们如果要去读大学的话，我一定会掏钱支持他们，为他们支付学费。授人以鱼不如授人以渔的道理，在美国文化中也是存在的。

那个时候的我就已经有了理财的意识，并且开始为自己更加长远的未来着想，“星布里”的事业就成了我的希望所在。

经商是一个复杂且充满挑战的工作。我在那段时间里学习了很多知识，利用远离 NBA 的日子和紧张的商业工作日程调整自己。我的计划是先休息一阵时间，然后慢慢恢复训练，最后重整旗鼓回到 NBA。

但是，我还是搞砸了。

那个时候美国刚刚开始流行起视频网站和网络直播，于是我通过网络开始向关注我的球迷们展现我生活中的一面。在视频过程中，我的情绪说着说着就激动起来，我想到了这段日子的不顺，想到了亲人逝世，想到了自己从巨星变成了几乎没人要的角色球员，我对着镜头泪流满面。

这其实是非常正常的情况，那个时候的我依然处于哀悼期，毕竟三个星期里失去包括父亲在内的三位至亲，对任何人来说都不是短短几个月就能走出来的，很多时候触景生情，情绪激动，根本无须大惊小怪。可如果我是在私下自己激动一番，那自然是无所谓的，但是当这一切被放在了电脑屏幕上，一切就又变得复杂和令人作呕了。也不知道为什么，面对有争议的公众人物和公众事件，人们的解读很难带有善意。

我搞了一次 24 小时的全景直播，在那期间我的身体不太舒服，包括嗓子也很不舒服，我就先喝了很多很多水，然后拿出了凡士林，用手指蘸了一点吃下去了。在整个直播的过程中，我也确实表现得比较情绪化，说了很多话，做了很多看起来有点癫狂的行为。这在整个 NBA 圈子里掀起了轩然大波，有很多人都觉得我的状态很糟糕，觉得我不可救药了。

媒体就像等待猎物已久的猛兽一样瞬间出击，把“马布里直播吃凡士林”作为大标题满世界传播。这个事件引起的反响对我来说又是一次在形象和名声上的重大打击，如果说之前还有凯尔特人队给我开出了一份老将底薪，那之后我是彻底什么合同也没有了，我就是想通了愿意去拿一份老将底薪，也肯定没人会给了。

我并没有做过多的解释，因为我都已经做了离开 NBA 一年的打算，他们还要把我怎么样呢？至于这段直播视频，首先这本身是个节目，是场秀，你可以理解为我是在表演，其次，凡士林本来就可以吃啊，我还专门查了一下，稍微吃一点点凡士林还会帮助缓解便秘呢。我在后来的一次采访中对《纽约邮报》的记者说过，我认为当嗓子很不舒服或者失声时吃一点点凡士林来缓解状况，是我们黑人社区经常会用到的一个偏方，你不能说自己没见过，就说我疯了，我只是身体感到有点不舒服，于是给自己治疗了一下，就这么简单。

不过，再简单的事，发生在那个时候的马布里身上，然后通过媒体的演绎和放大，再通过人们的口口相传，就变成一个篮球圈里非常不简单的大麻烦了。

我知道我不是篮球之神迈克尔·乔丹，我并没有要去和他相比较的意思，乔丹在夺得第一个三连冠后遇到父亲被杀害等事情，选择急流勇退，追寻生活中的其他兴趣爱好，这让我感到很羡慕也很想模仿。我也追寻乔丹的那种状态，让一直前进的生活停下来，休息一下。从小到大，我从没有一刻停下过努力的脚步，一直在和命运抗争，一直在和篮球死磕，当时我想拥有自己掌控人生的权力。

我就这么过了几个月的时间，我的身心承受了极大的压力。想象中的自由生活并没有给我带来真正的解脱，就连我的“星布里”品牌也遇到了问题，不在场上打球的我就变得没有品牌价值和购买号召力，即便这双鞋只要 14.98 美元。我的经纪人帮助我询问了一些联盟里的球队，得到的回应就是没有回应，一切跟几个月前一样，还是没人想要我。我的爱人鼓励我继续振作起来，她跟我说：“我知道这很难，但你多少要干点什么事情。”

其实那时的我也开始想念篮球了，就像上瘾一样，吃饭睡觉都想投投篮、运运球，我只是因为这一路走来的伤痕累累而拼命压抑着自己的本能，但我从小到大从来就没有一天离开过篮球啊！

我和经纪人商量，是不是可以去海外寻找机会，因为留在美国也没球打。只要我能打上球，就能有恢复和证明自己的机会，我自己也一直在努力调整着心态，一切是否能变好还是要看有没有打球机会了。

我们自然而然地想到了欧洲，我刚好之前去过意大利，对那里的印象很好，意大利篮球联赛的水平也很不错。我们和意大利那边一接触，那边一下子就有了回应，他们迫不及待希望获得我的加盟。没过多长时间，我们就谈好了很多包括合同在内的加盟细节，我都开始准备打包前往意大利了。

突然有一天，意大利那边传来消息，说很抱歉，他们改变了想法，我去意大利打球的事暂时不能推进了。我当时真的是完全懵了，我问他们到底是什么原因，怎么大家这么认真定好的事情说变就变呢？是他们又找到更好的人选了？还是其他什么原因。对方支支吾吾一再不肯告知，就坚持说球队自己的计划有变，很不好意思。

我非常生气，我说："决定权在你们手里，我们也还没有签合同，你们怎么说我就得怎么做，我并无力更改结果，但是你们最起码应该告诉我真实的原因，这是基本的互相尊重。"

在我的坚持下，我得知了一个惊人的真相……

让我失去去意大利打球机会的这个人居然是我在纽约尼克斯队效力时的最后一任主教练，麦克·德安东尼。德安东尼是意大利裔美国人，甚至还曾经为意大利国家队效力过，而他的主教练生涯也是从意大利开始的，一直到了 1997 年，他才重新回到美国篮坛。在意大利拥有深厚根基的德安东尼在听说我要去意大利打球时，居然亲自联系了意大利人，告诉他们绝对不可以用马布里，他不是一个合适的人选，球也打不好，人也做不好。

我实在不知道这个世界上怎么可以有如此过分的事情发生，我已经离开尼克斯队很长时间了，而且我和尼克斯队的问题也不是冲着德安东尼的，他为什么要这么做呢？可是想不通归想不通，我又不能拿他怎么样，只能接受这个现实。

上帝为我关上一扇门，他还会为我打开一扇窗。就在我被德安东尼害得去不了意大利之后不久，中国，第一次走进了我的生命。山西队的代表和中方经纪人联系到了我，他们了解到我现在的状况，说愿意请我去中国职业联赛里的山西队打球。

我的第一反应是绝对不可能，因为我对中国一无所知，对山西更是毫无概念。我认识姚明，因为彼时他已经在 NBA 打了好多年球，但我们俩并不熟，没什么私交，我听说过长城，我知道长城是个伟大的人类建筑，它在中国。除此之外，我一无所知。

我怎么可能到自己一无所知的地方去打球呢？那里的联赛是什么样子？他们会按时付给我薪水吗？如果出现问题，谁又会在异国他乡帮助我呢？那里有美国食品吗？那里的居住环境又是什么样的？那里有多少人会说英语？我在那里到底该怎么办？

一个一个问题浮现出来，我根本不可能解答，也很难接受。如果现在有一个人给你一个工作机会，但是要你独自一人去到一个完全陌生的地方，你也会担心工作之外的许多事情，毕竟工作再重要也只是整个生活的一部分而已。我愿意去欧洲的联赛打球，是因为毕竟欧洲和美国在文化、语言、饮食和生活环境上都有许多共通之处，哪怕我在那里一个人都不认识，我也不会担心和害怕，就像我在美国也有很多地方从来没去过，但前往那些地方我从来不会担心，因为我知道自己搞得定一切可能出现的状况。可是中国太不一样了，我是两眼一抹黑，实在没勇气。

对方很理解我的犹豫，但是也跟我表达了他们对外援的迫切需求，最后，他们给了我一个月的时间去做决定。

我和家人商量，我自己也开始思考，最后我决定，为什么不试试看呢，毕竟这是我当时唯一拥有的机会。德安东尼在中国应该没有影响力了，也再不会有别人从中作梗，只要中国人是靠谱的，我这个机会应该不错。我又和来联系我的中国朋友进行了反复和深入沟通，尝试在他的介绍下勾勒出自己在中国生活和打球的样子。我自己也做了很多研究，终于知道了更多关于中国的事情，对中国的不了解以及由于不了解而产生的担忧都慢慢减少。

最后我决定，我要去中国，要抓住这个机会重新上场打球。反正中国的联赛时间比较短，我这次去了也就是小几个月，可以去打一打，然后再寻找去欧洲或者返回 NBA 的机会。

我给山西队发去了肯定的回复，那边也很利落，很快就开始帮忙落实合同及我前往中国的手续和资料。一切就像做梦一样，在过去的一年多里，我的生活一直都充满着一个接一个的打击，我一直在习惯并最终学会了去接受“失去”，我一直在告别，不管是主动的还是被动的。这次终于有一个机会来到了我手中，我终于再次体会到了“得到”是什么感觉。

我想要？不，我需要

这么多年，无数次采访，我谈过篮球，谈过场下生活，也谈过我的感受，我不知道有多少人可以真正了解我的心路历程。

全世界人都知道，在来中国之前，我的人生堕入了低谷，但是大家以为我是从还在尼克斯队的时候就开始下坠并一路触底，并没有留意我在凯尔特人队的这段经历，以及我拒绝凯尔特人队底薪合同报价之后的这几个月里又经历了怎样的心路。在我拒绝凯尔特人队合同前后的那段时间里，我整个人的状态其实已经开始向积极的方向发展，我参与网络直播去呈现自己的生活其实也是一种生活里的尝试，但随之而来的舆论攻击和德安东尼对我的穷追猛打，把刚刚准备昂起头重新来过的我再次打回谷底。

我的心理状态也随着生活中上上下下的变化而不断改变着，每次我尝试崛起，都会有新的事情发生，逼着我倒退。我想要的所有事情和所有东西，一个都要不到，我开始觉得，我就是这个世界上最倒霉的人。

我想要的很过分吗？我只是想要得到我应得的尊重，因为我觉得发生的这一切事情对我都是不公平的，都是别人的错误。当时的我就是有这种想法。我一切的执着也都停留在我想要却不可得的这些事情上。我想要拿到所有“我想要”的，至于该怎么才能拿到，为什么想要却没有，我实在没有多余的时间和能力去寻找答案了。

在这样的背景下，我的心理终于再一次垮了。

在我和尼克斯队闹得最僵的时候，我曾经去看过心理医生，获得过一些帮助，但我并没有真正认识到自己存在的心理问题，以及这样的问题可能带来的长期危机。我去看心理医生更多是因为有身边朋友推荐，我闲着没事就去看了看，从内心并没有重视。当我真正来到无球可打、无路可走的状态时，很多事情已经来不及了，我的心理危机彻底爆发，以我自己完全意识不到的状态和控制不了的速度加剧，让我整个人沉浸在深不见底却无法逃出的黑洞中。所有你能想到的负面情绪，焦躁、低落、郁闷……我几乎一个不落都能体会到，就像是穿越一座阴森恐怖的山谷，一年四季所有的气候交替出现，脚下的路完全不通向出口。

心理健康问题，可以说是最容易发生在职业运动员身上的问题之一。心理疾病带来的伤害，一点都不比运动伤病要轻，但是运动员的心理健康问题也是最容易被人们忽视的。人们一提起运动员，那一定是意志品质坚强的代表，在东方和西方文化中，都不会有人把运动员和心理疾病联系到一起，唯一会发生联系的，就是如果运动员在关键时刻表现不佳，人们就会说这样的运动员是心理脆弱什么的。运动员顺风顺水时就是天之骄子，黯然落幕时就无人问津。

在NBA中，运动员的心理问题非常严重，即便NBA的运动员从理论上讲再穷也是百万美元级别的富翁。如果不发生在自己身上，人们无论如何也不会相信金钱和成就根本不代表你的心理就会健康，人们总觉得这两样东西只会带来快乐和无忧。

实际上职业运动员的生活压力同样很大，虽然我们的收入非常高，但收入高就意味着我们身上拥有值这么多钱的技能，而这些技能不会一直保持在同一个水平，还受到无数外界环境的影响。我们打球时要面对着上万名观众，打得好时获得他们的欢呼和喜爱，可打得不好时可能就会收获斥骂甚至诅咒，又或者根本无人理会和在意你。还有你的队友、教练、总经理、经纪人以及媒体，在NBA这样一个高收入、高知名度同时也是高压力的工作环境中，大家眼睛盯着的就是你能用球场上的表现为这门生意带来多少钱，就这么简单。付给我们的薪水中规定了我们的工作职责和义务，可是却没有告诉我们这份工作会带来的负面影响和职业病会是什么。当然你也许会说，哪份工作不辛苦，谁的生活中没有点不如意啊，你们赚这么多钱还有什么可抱怨的。

你们说的没错，这是所有人听到NBA球员也会因为工作而烦恼之后的统一反应，甚至我们自己有时候也会想，是不是我们太脆弱娇嫩了。我们已经足够幸运了，还有太多太多人过着比我们还要辛苦的日子，我们有什么资格脆弱。

整个NBA联盟，至少在我所待的那13年里，根本没有人会真正关心球员，了解在球场上叱咤风云的球员的另一面。

其实仔细想一想，我们每年最少也要打82场比赛，加上季前赛和季后赛，打到上百场也是有可能的。其中有一半的比赛都是在客场进行，需要飞来飞去。虽然NBA球员拥有着极好的条件，比如包机和豪华酒店，我们的装备经理甚至会帮我们拿好球服、球鞋、球袜，我们连衣服都不用洗。但我还是那句话，没有经历过的人看到这些都觉得是极好的，但当你经历之后才知道并非如此。我们每年在包机上要飞将近10万公里，在美国东西海岸的时差中来回穿梭。我们经常打完晚上的比赛直接上飞机飞到下一个客场比赛的城市，到酒店时天都快亮了，睡不了多久又要起来训练和准备比赛。一直到最近这两三年，才有系统的研究表示，许多NBA球员的睡眠时间被严重剥夺，睡眠质量极度糟糕。当我们连觉都睡不好的情况下，还要让身体能够保持在职业竞技体育的水平上，这非常艰难。我们远离家庭，这一点单身球员还好，像我在NBA时就已经结婚并有了孩子，所以我非常清楚职业运动员的家人其实非常可怜，他们和家里的男人见面的时间屈指可数，即便加上休赛期，也还是聚少离多。这些客观情况都让这份工作变得不是那么轻松。许许多多NBA球员都有这样一种经历，就是有时候会突然不知道自己身处于哪座城市，因为每天就是闷着头打比赛，打完比赛上大巴上飞机，整个人都是懵的。或者有时候我们到了一个城市的宾馆后，一旦离开再回宾馆时会怎么也想不起房间号，甚至可能拿着房卡使劲刷一间房间可就是打不开，最后才发现原来自己脑子里记着的还是上一间酒店的房间号。就在去年我还看到有美国媒体经过专业的调查和测评后发现，在赛季进行期间，NBA球员的大脑细胞活跃度和智商会下降到中小学生的水平。当看到这些科学研究时我才意识到自己当年的状况很大一部分也和这种高强度的工作压力有关。

一般的工作要不然是体力劳动，要不然是脑力劳动，而 NBA 球员则是超高强度的体力劳动加上高强度的脑力劳动，再加上完全不规律到变态的工作时间以及疯狂的出差行程。试问，如果有这样一份工作摆到任何一个普通人面前，他能保证自己有足够的体力、脑力、意志力和精神力来完成这份工作吗？

我注意到现在效力于克里夫兰骑士队的 NBA 球星凯文·勒夫在前两年勇敢地站了出来，承认他自己在心理方面患有疾病，一直在和抑郁症斗争。他的表态震惊了整个美国，人们第一次看到有一名他这种级别的 NBA 球星居然会承认自己有心理问题，人们觉得这简直不可思议，却又必须相信这个事实。凯文·勒夫是一名对外形象非常正面的球星，他的成长经历、家庭条件、个人球技和成就以及他在 NBA 联盟里的表现，甚至他在球场外的私人生活，如果你稍加了解后就会发现，他生活中的一切都几乎是完美的。和我这种从小从贫困社区一路打出来的黑人孩子相比，凯文·勒夫简直就是“开了作弊器”。可就是这样一名在所有人看来人生都极其幸福的职业运动员，却因为长期在 NBA 联盟效力而患有心理疾病，自己非常痛苦。

另外一名中国球迷非常熟悉的运动员是之前效力于多伦多猛龙现在效力于圣安东尼奥马刺队的著名球星德玛尔·德罗赞，德罗赞的精神和心理状态更加令人担忧，而他来自美国最为贫困社区之一的洛杉矶康普顿。他的人生本来就遭遇过很多困难，NBA 让他改变了命运，为他带来了财富和荣耀，却没能给他快乐的心灵和无忧无虑的生活。

正是因为像凯文·勒夫和德玛尔·德罗赞这样既大牌又在公众心中有着良好形象的球星，能够主动站出来坦诚自己在心理方面的问题，人们才开始相信和正视 NBA 球星的工作环境和心理状态，联盟和球员工会才开始研究并出台一些措施来预防和改变这种状况，比如从联盟到球队都会聘请专业的心理辅导人才，再比如从赛程上尽量做出一些调整以保证运动员有稍微健康一些的生活规律。

可这些事情都是最近这几年才发生的，在我打 NBA 的时候，连球员自己都没这方面的意识。就算有，比如要是当时的我站出来呼吁大家关注球员的心理健康问题，我都能想到媒体和公众的反应会是什么样子的，他们肯定会加倍嘲笑我。

如果，我只是说如果，那个时候的我能够拥有一个支撑我精神和心理状态的环境，身边能有一些人让我依靠，能有一些资源让我求助，有这么一个系统托着我，我可能压根不会走到那种穷途末路中去。

但是，没有如果。

我只是想让你明白，即便是我这样曾经拿着 NBA 顶薪的职业篮球运动员，也可能遇到心理问题，而心理一旦出现问题，你的一切本领和技能，你的所有付出和努力，都将变成空白，连背景都无法充当，你的生活会变得支离破碎，无法掌控。在那种情况下，你会不断去尝试争取你想要的东西，不管那是什么东西。对那时的我来说，可能是一份配得上我心理价位的合同，可能是再次回到场上大杀四方，可能是让所有欺负和批评我的人都狠狠地被我的表现打脸……我想要的太多了，但是怎么都要不到。

让我们再把时间拉回到十年前我抵达山西的那天，将近 20 个小时左右的国际飞行之后，没有期待的我受到了机场数千名球迷近乎狂热的欢迎，我在那一瞬间被拯救。

我跟我妈妈打电话时告诉了她我的感受，她想了想，跟我说："孩子，生命中有些东西是你想要的，而有些东西是你需要的。"

妈妈的这句话就像是醍醐灌顶，让我彻底想明白了自己该如何从那些年的痛苦挣扎中走出来。我必须专注于我需要的东西，为了我需要的东西而努力，至于那些我想要的，我要学会放开和顺其自然。

我需要什么？

我需要一个没有伤害、没有恶毒的环境，我需要一个重新上场打篮球的机会，就这么简单。

至于我曾经想的那些事情，多大的合同，多么磨不开的面子，多在乎的言语和经历，都要放下。

当我开始这么想之后，一切变得豁然开朗，我不再纠结于过去几年发生的事情，不再那么在乎我离开美国时还在我的身后追着我讽刺攻击的美国媒体、公众和篮球圈里的一些人，不再去抱怨他们为什么无视我的水平、不给我大合同，不再去记恨德安东尼对意大利篮球圈说我坏话，不再对未知的中国感到迷茫和不知所措。

因为一切对我来说突然变得无比简单，我在山西找到了我需要的东西，一群热情的球迷和一支能让我好好打球的球队。

不是每个人都拥有第二次机会。

我不但拥有了第二次在职业联赛中打球的机会，还拥有了第二次重塑人生和重整生活的机会。

我告诉自己，一定要珍惜，要把自己所有的缺点都改掉，要收起自己可能会伤害到别人的锋芒和个性，我真的很需要这次机会。

否极泰来？其实还有低谷

虽然我在中国的成功主要来源于我在北京首钢赢得的那三座总冠军奖杯，但我必须指出，在山西队的那段日子是非常值得怀念的，而且毕竟那是我在中国这段旅程的开始，它永远在我人生中占据重要的地位。山西队之后我还去佛山队打了一年，我在那里也收获巨大。当我们回望成功时，总是习惯找出最有亮点的那一部分，但其实人生中的每一步都至关重要，就像我从来不想去回避自己在 NBA 最后阶段的狼狈，我也不想略去我在山西和佛山的经历。

我在山西队不光要打球，还需要花时间来了解和适应中国的生活。虽然我一开始的计划只是来这里看看，可能打完这个赛季还要去欧洲或者回美国寻找机会，但前提是我要在中国打出好的表现才行。

在确定要来山西队效力之前，我已经做了相对充分的体能恢复和篮球训练。恢复训练的强度非常大，我自己花钱聘请了专业的训练师和康复师，不夸张地说，我对身上的每一块肌肉、每一个部分都做了激活和训练，包括柔韧性、力量、灵活度、耐力还有所有篮球技巧，我做回了那个在科尼岛野球场上挥汗如雨的小孩儿，我知道我的启蒙教练和我的父亲在天上看着我，他们在等待着我把篮球技能和身体素质都捡回来。对于职业运动员来说，停训停赛一段时间后，身体状态和机能会掉得很厉害，因为训练和比赛的超大强度很难在休赛期维持，我需要付出百倍的汗水和努力。在来到山西之前，虽然我对自己的状态还不够满意，但是我知道，自己已经走在了正确的道路上，只要继续保持，就可以通过和队伍的合练还有比赛重新达到自己的最佳状态。我对自己的实力有着充足的信心，那个时候的我完全还可以在 NBA 赛场上拿下场均 20 分，只是那里已经没人信任我，没人给我机会了。

除了恢复训练，我也对 CBA 联盟做了力所能及的学习和了解。我托朋友找来了一些 CBA 的比赛录像，我花了很多时间去看。看录像是篮球运动员最重要的训练项目和功课之一，很多运动员日复一日地刻苦训练，但是因为没有意识或者没有条件，没有看录像的习惯，这是非常大的错误。在 NBA 的训练中，有一半的时间都是在看录像，即便到了比赛期间，赛前和赛中的更衣室里都会摆着大电视放着和比赛相关的录像。NBA 每支球队里都有极为专业的录像剪辑师，他们的工作非常繁杂也极为重要，他们要把自己球队和对手球队的比赛录像进行分析和剪辑，然后帮助教练和球员发现其中的问题进而加以改进。可以说，经过分析和剪辑的比赛录像简直就是运动员的武林秘籍。很多优秀的主教练，也都是从录像师一点一点做起来的。而越是优秀的球员，越会花大量的时间去看录像和研究录像，而且他们对录像的自主分析和解读能力也非常强。

我因为远离球场，已经很久没有看录像，而中国这边发给我的录像又没有NBA录像剪辑师的那种专业制作和分析，这让我有一点不适应，但我还是反反复复花了许多时间去看我拿到的录像。可惜当时互联网上关于CBA的影像资料实在太少了，文字介绍更是寥寥无几，要不然我真的恨不得天天不睡觉也要把CBA给研究个透。

以至于联赛里有几支球队，有多少场比赛要打，赛程赛制是怎么回事等等这些问题，我都是两眼一抹黑，我说过我对中国太陌生了。不过不管怎样，我尽了我的全力来了解中国和为中国之行做准备。

虽然我尝试做好准备，但总有些事情是没法准备的，比如食物。

现在的我吃中餐已经没有任何问题，火锅烧烤八大菜系，我都能吃，也都爱吃，中国人的“饭桌文化”我也早已熟稔于心，甚至可以给别人当师傅了。当时我刚到山西时，可真的有点吃不消。我本来想着要赶紧调整时差恢复训练，想不到从到达的第二天开始就有了应酬。应酬的文化在美国不是没有，但是形式很不相同，自由度也更高，对于球员来说，并不是一项必须要做的事情。但是我很快就明白了，在中国，这一部分是没有写进球员合同的工作内容。

当我得知要宴请我的是山西省的省领导时，我有点不敢相信，球迷欢迎我也就罢了，怎么领导也会来？在美国，纽约市长可不会想着要请尼克斯队吃顿饭。不过经过交流我很快就明白了，原来职业体育球队在中国代表着一个城市甚至一个省份在体育事业上的投入和努力，而中国的官员也总是会尽自己的一份努力来关心球队。我是山西队历史上迎来的最重量级的外援球员，不光是球队，也不光是球迷，整个山西省都对我充满期待。这是一种信任，也是一种压力，但我更愿意把它理解为一种爱。

我在接下来的一系列应酬中逐渐见识到了中国的酒文化，特别是当时的山西队赞助商就是汾酒集团。这和美国很不一样，酒类品牌在当时一般是不可以成为球队主赞助商的，我们在美国也喝酒，但并没有任何的讲究和礼节，喝多喝少都是随意，我们并没有强制性地给喝酒这件事注入社交情感和社会规则。但是在中国不一样，酒文化太重要了，它是人们在特定场合下表达热情、建立信任的一种方式，在不喝大的情况下，它真的可以拉近人与人之间的距离。

现在跟我熟悉的中国朋友都会说“老马真能喝”。是的，就像我现在习惯了中国食物一样，我喝起酒来也毫不逊色，这也帮助我和中国形形色色的人们结交成朋友。但是刚来山西时我可真受不了，从酒的种类到酒的喝法，再到喝酒时的礼节，都让我闻所未闻。我在美国从来没有喝过白酒，但是来山西后接过的第一杯酒就是白酒，我喝下去之后差点原地爆炸，心说为什么来中国前没人教教我这个。

对我来说，无论是对食物的不习惯，还是对酒文化的不了解，都是我必须要调整的。我已经拥有足够多的失败经历，搞砸过足够多的事情，我知道我和中国人如果想在语言不通、文化不同的情况下成为朋友，我必须去主动拥抱不同、缩小差异，中国的朋友已经迈出了第一步，我必须跟上，这样才可能不搞砸这第二次机会。

就是在这样简单的逻辑支撑下，我对所有新鲜的事务照单全收，无论我是否适应和喜欢，我所做的一切只要能让身边的人感到开心与和谐，我就要努力做到。一个成功的职业球员，篮球场上的能力和表现只是一方面，篮球场下的一举一动也会和运动员直接相关，甚至能决定运动员是否有机会上场去展现。这些心得，都是我从过往曲折痛苦的人生课程中学到的，我不会浪费掉这些宝贵的人生经验。

我在山西队的开局并不是很顺，一上来的两个主场比赛都输了，其中还打了一场广东宏远，让我体会到 CBA 最强队伍的实力。球队输球让我意识到自己的能力还远远没有达到可以改变球队的地步，而且我对自己的状态也很不满意。主教练其实已经考虑到我长期没有打球，再加上长途奔波，他让我替补出战，不直接面对对方的最强攻势，同时在出场时间上对我也有所限制，但是在比赛咬得比较紧的时候，我还是能明显感到自己的体力不支。毕竟上一次上场打球还是在凯尔特人队的时候，这么久不在真实赛况下运动，身体技能特别是心肺功能这一块儿的下降是极为严重的，可能需要再多几周的训练和比赛才能慢慢找回来。

因为我的心态调整得不错，所以我对 CBA 的生活整体上非常接受，虽然在硬件条件上，别说当时的 CBA 了，就是现在的 CBA 也和 NBA 没有可比性。但那个时候的我脑子里都是篮球，我早已经不在乎包机、豪华酒店，对环境有了既来之则安之的想法。我最不适应的有两点，第一就是球馆里的温度实在太冷了。NBA 的运动馆和训练馆都是四季恒温，非常舒适，但是 CBA 的球馆和训练馆则普遍都很冷，这对运动员保持身体的状态非常有挑战。你需要一直保持较大的运动量才能让身体热起来，而一旦热起来，如果不持续运动，身体又很可能凉下去，很难保证你的身体在轮到你上场的时候刚好在最佳状态。对状态的影响只是一方面，造成运动员受伤的可能性增加才是最重要的。另一点让我非常不适应的是 CBA 的有些比赛场馆不禁烟，这让我无法忍受。很难想象，正在进行着职业比赛的场馆中四处弥漫着烟雾，尤其是下半场比赛开始刚从更衣室回到场地的时候，球迷们在中场休息时抽烟造成场馆烟雾缭绕，在这样的二手烟环境下打球对运动员身体的伤害太大了。

这两点让我无法忍受，换作以前的我，肯定会四处抗议，但刚来到中国的我，首先咨询了朋友，在了解到一些客观存在的原因后，我选择了首先接受并适应环境，让自己立住脚再来改变环境。球馆冷，我就调整热身的节奏，尽全力让身体一直保持在恒定的温度和状态；烟雾缭绕，我就调整呼吸的节奏和自己的心态，尽量不要让烟雾影响到我的发挥。既然我的队友和全 CBA 的球员都可以在这样的环境中比赛，那我就不该成为搞特殊的那一人，如果我适应不了可以离开，并没人逼着我出现在这里面，我的任务是抓住这次机会好好打球。

现在我非常庆幸当年的自己面对不适应做出了如此成熟和正确的反应，我没有让这些我不能控制的外界因素影响到我，这是我从美国来到中国的最大进步。当然，CBA 也在进步，球馆的持续硬件升级和公共场所抽烟问题的改善一步步在推进着。现在你不管走到哪座场馆，都不可能出现温度和抽烟问题了。我很高兴自己能够见证一个联赛一点点变好的过程，更高兴自己能够成为其中的一个贡献者，而不是挑三拣四却没有做出实际工作的那种人。

山西队给我非常周到的照顾，我在那里遇到了我认识的第一拨中国人，我跟领导、教练和队友都相处得非常不错，在生活中也开始有了值得信任和依赖的中国朋友，不得不说，这些人为了让我能够适应中国的生活，做出了很多努力，我永远感激他们。

第一次在主场出战，第一次跟随球队奔赴客场，第一次失败，第一次获胜，第一次在中国过春节，第一次登上长城……一个又一个的第一次让我的生活充满新鲜感和希望，我的人生真正开始重新走向正轨，我开始有机会重新体会什么是生活。我的太太也专程从美国飞来探望我，她被中国的一切惊呆了，她原本非常担心我在这里的生活，但来了之后才发现原来这里的一切都很有趣，不同语言文化和食物的背后，是相同的日复一日和年复一年。

我给妈妈，还有兄弟姐妹们都打了电话，给他们发了一些照片，让他们看到我在中国一切过得都好。那一年妈妈会反复不断地提醒着我关于“想要”和“需要”的区别，而兄弟姐妹们都打心眼里替我高兴，他们说不管别的，只要能看见我一直这么开心地和他们分享生活就说明我过得不错。唯一让我于心不忍的是我的孩子，我第一次和他们远隔重洋，他们生活中出现的任何问题我都没法帮他们解决。我的女儿大一些，一切还好，可我的儿子年龄很小，他总要问我为什么不在家，中国在哪里啊，我能不能明天回来呢？这些问题让我的心都碎了，我多希望一切不好的事情从来都没有发生过，我还在 NBA，还能拥有相对正常的家庭生活，而不需要和他们分开。我告诉孩子，爸爸必须要工作，爸爸需要这个机会，篮球是爸爸热爱的事业，爸爸会在这里打出名堂，我们的生活会更好，也很快会重聚。虽然我觉得自己的这番解释还算简单直接，但孩子能理解多少，我心里也没底。

这就是生活，与其抱怨，不如接受然后昂首向前。

中国的球迷还在持续感动着我，山西本地的球迷就不用说了，他们对我的爱仿佛每天都在增加，我也开始喜欢上主场比赛时球迷们整齐划一的喊声和跺脚声。我在 NBA 打了 13 年球，NBA 的球馆观众数在 1.8 万人到 2 万人左右，多数球馆都能坐得挺满，纽约尼克斯队的主场更是场场爆满。我一开始听说 CBA 的球馆只能容纳三五千人时感到有点失落，就像习惯了山珍海味突然要吃粗茶淡饭时的那种失落，我特别渴望在尽可能多的人面前打球，习惯并且迷恋那种在万人拥趸的情况下上下冲杀的感觉。很快我就发现自己错了，这三五千现场观众的投入程度和热情程度完全不是 NBA 那两万人能比的。NBA 那边，除了季后赛时候的关键大战，大部分常规赛比赛中大部分时间，球迷们都是稀稀拉拉像看电视剧一样。美国人去现场看比赛是一种他们生活中的家庭生活的习惯或者社交方式，而中国球迷现场看比赛那真的是来为球队玩命呐喊、鼎力相助。三五千人齐声高喊的气势为我注入了充足的肾上腺素，刺激着我的身体和心理去场上拼杀。另外我也发现，虽然进场观众数量不多，但是中国球迷的绝对数量那可是太多了，只是出于各种原因没有到现场而已。

让我印象特别深刻的是我随山西队前往陕西省西安市打客场时，当地的球迷真的是让我这个见多识广的“老江湖”也惊呆了。我对陕西印象深刻首先是因为陕西和山西的发音在我听来是完全一样的，我可搞不清楚汉语里面的音调。我第一次听到时还琢磨，怎么还有个一模一样的地方呢？陕西队的主场是在当地一所大学的体育馆里，这个体育馆并不是十分正规，只有一面有观众席，另外一面则是一个舞台，这个球馆更像是一个经过改造的大剧院，只是把舞台前方的观众席变成了球场。这是我第一次在长这个样子的球馆里打球，也觉得很有意思。比赛时，球迷们的呐喊声只从一个方向传来，而并不是四面八方，但是我保证，那喊声却是我打这么多年球以来听到过的最响亮、最疯狂的呐喊声。我在比赛的间隙，看到好几个光着膀子的球迷骑坐在观众席的栏杆上，他们戴着头巾，挥舞着旗帜，振臂带领整整一个区域的球迷呐喊，就他们那股精气神，我感觉放到球场上，好多球员都比不过。那场比赛的胜负和局面我早已经记不清楚了，但直到今天我还记得住那几个球迷领袖的样子，他们就像在我的脑海里安了家一样。后来许多年，我在北京工人体育场看北京国安队踢球的时候，见到过几个类似的球迷领袖，我还开玩笑地跟朋友说，这几个人是不是从陕西来的。

比完赛，球队大巴从体育场出来，要开一小段路出了学校大门才能来到马路上。那一小段路的盛况仿佛和我刚到太原机场时一样，球迷们围追堵截着我们的大巴，高喊着“马布里！马布里！”。我隔着车窗向他们微笑和招手致意，我的眼神和手势所到之处，必然会激起一阵欢呼。

是陕西的球迷让我意识到，原来不止山西，在中国的其他地方，球迷们也非常喜欢和欢迎我。这让我第一次觉得自己有点想多在中国打打球。实话实说，哪个运动员会不享受这种被球迷喜爱和追捧的感觉呢？在 NBA，你可能是一座城市热爱的偶像，但可能是另外 29 座城市憎恨的对象；而在 CBA，无论我走到哪里，都能感受到热爱与欢迎。

另外一件让我意外的事情是我入选了当年 CBA 的全明星赛，代表北方队出战。在 NBA，全明星赛是一个非常大的荣誉，我征战 13 年也不过两次入选了全明星赛，全明星赛是对一个球员的球场表现和场外受欢迎程度的双重体现。我刚到 CBA 没几天，就能打全明星赛，这对我是一个极大的鼓励。

我在山西队待的时间并不长，大概也就是半个赛季，即便我非常努力，也渐渐打出了很好的状态，但球队还是非常遗憾没能进入季后赛。这让我更加清醒地认识到个人能力和团队的关系，也让我对 CBA 的比赛水平和强度有了更大的敬畏。其实直到现在，还会有一些美国这边的人说一些风凉话，他们无非说 CBA 水平低啊，马布里在 CBA 称王称霸算什么啊。对于这样的话我根本就不屑一顾，虽然中国篮球整体上的水平确实和美国有差距，但是 CBA 联赛的水平和强度却处于世界上流，而且篮球从来不是一个人的游戏，在任何水平的联赛中要融入环境并和球队一起取得胜利都绝非易事。来 CBA 打球的 NBA 大牌球星可远远不止我一人，有些甚至比我还要更加处于当打之年，但无论是个人成就还是团队成绩，都没有达到大家想象中的那种程度，有些甚至还铩羽而归。

我在山西的第一个赛季，还有之后在佛山的第二个赛季，都是在不断的输球和磨炼。“马布里”这三个字确实能够让球迷们感到兴奋，但我却真切地认识到，这和取得胜利没有半毛钱关系。我在山西队一共只打了 15 场比赛，场均 22.9 分和 9.5 次助攻，我的重心都放在如何帮助球队变得更好，而不是如何打出超高的个人数据。

和山西的合同结束之后我回到美国，开始认真思考自己下一步该怎么走。在离开中国之前，我得到了山西队的口头续约意向，而我在山西的表现也越来越好，虽然球队因为整体实力没能进入季后赛，但我个人无疑证明了我在 CBA 属于顶尖水平。更重要的是，我向整个篮球圈证明了我还能打球。我勾起了 CBA 其他几支球队的兴趣，获得了来自俄罗斯、以色列等国家联赛球队的加盟邀请。我的经纪人也和 NBA 一些球队重新进行了接触，不过 NBA 这边倒还是没有什么动静。

深思熟虑之后，我决定再回到山西队，并且跟他们签下一份时间更长、合作更深的合同。有两个原因促使我决定回到中国，第一个原因确实是中国的球迷和球队在我最落魄的时候拉了我一把，中国的环境和文化我也大体上有了了解，我对中国已经非常有好感了；第二个原因则是山西队对我非常好，老板在我离开中国前亲自找我谈话，肯定了我在场上场下的表现和职业精神，在我们的沟通中，他甚至愿意继续跟我合作把我的球鞋品牌“星布里”在中国发展起来。这是我无法拒绝的邀约，我在休赛期返回了中国，专门和球队谈了这方面的合作，然后又回到美国，开始更加辛苦的训练——我还没有达到最佳状态。

我觉得自己已经触底反弹了，生活和篮球生涯的希望重新点燃了，却不知道上帝给我安排的考验还没有结束。

2010—2011 CBA 赛季开始前我回到了山西，但是在短短的几天之内，整个世界都变了，山西队更换了新的总经理，球队有了完全不同的建队思路和想法，他们决定弃用我，球队老板承诺要和我签订的商业合作也无疾而终。首先，让我不理解的是，如果不想用我了，为什么不早点和我说，为什么要整个夏天都在和我探讨合同，然后还在开赛前如约让我飞回中国。这样的流程和方式让我觉得未免有点太不尊重我了，大家完全可以打开天窗说亮话，为什么要一直遮掩到图穷匕见。即使不想用我了，是不是也应该给我一些时间让我去做下一步打算。其次，我不理解的是为什么要弃用我，这和我在尼克斯的情况完全不同，我在尼克斯队时多多少少也有做得不对的地方，可我在山西队可是克服了一切初来乍到的不适应，把自己全身心地奉献给了球队，这到底是为什么。

非常遗憾，我甚至没有获得一个真诚的答复，不明不白就失去了打球的机会，山西队跟我的最后一句话是："告诉我们你什么时候回美国，我们会给你买好机票……"

离开山西时，当地许多球迷非常不舍地在酒店和机场送别我，就如我刚抵达时一样。他们依然支持着我，要不是有这些球迷，我真的要开始怀疑自己了。

不幸中的万幸，佛山队当时还有一个外援名额空缺，他们对我也有兴趣。而我需要决定，到底是就此返回美国寻找其他机会，还是不管三七二十一先留在 CBA。佛山队当时刚好在北京训练，我就加入他们练了一个半小时，这一个半小时让佛山队对我产生了很大的好感。我的朋友告诉我，佛山队的教练事后还特意在媒体上表达了对我的好印象。

佛山队是 CBA 的弱旅，比山西队还要弱，我的朋友劝我好好想想要不要去佛山。一个更加稳妥且对未来更好的选择是先回美国保持训练，然后 CBA 的球队一般打上两个月时就会因为伤病或者成绩产生更换外援的需求，我在那个时候就会有机会找一个更好的球队加入，甚至可能会有机会加入北京、上海、广东这样的大城市球队。加入一支位于大城市的好球队对任何球员来说都是极具吸引力的，而身处小城市的弱球队，则有可能埋没很多球员的才华和机遇，这一点我非常清楚，在 NBA 也是一模一样的。但是我当时非常坚决，我不想再飞回美国。一旦飞回美国，一方面我不知道后面的机会什么时候才会来，另一方面美国那边的媒体一定会借题发挥，说我被赶回了美国，我不想再被他们一遍遍欺凌。

佛山队后来果然给了我一份合同，而且是完整的一个赛季的合同。我启程前往佛山时，心中又是万分感慨，觉得人生真是太多变了，我再也不敢轻易对生活的走向下判断，每次我觉得应该会怎样怎样的时候，就会有意想不到的事情发生？

我在佛山队度过了平淡却不平凡的一年，球队实力确实不强，我的状态虽然稳定上升，但是也确实无法改变太多。有关佛山的一切确实没有那么多精彩的故事可讲，既没有初来山西时的新鲜和波折，也没有后来去了北京以后的波澜壮阔，但现在往回看，我真的不得不感叹上帝对我的眷顾。在我以为自己在中国可以扬帆起航时，我遭遇了又一次重击，但是被山西队放弃只是对我的一个提醒，佛山队的出现让我依然有机会继续这段旅程。

在佛山，球迷对球队成绩的期待并不是很高，压力远远没有我后来在北京打球时那么大，球队上下都很和谐，反而给了我另一番新天地去成长。我在佛山打满了一个赛季，跟着球队跑遍了 CBA 的每一个课程，真正意义上开始了在中国的深入生活。很多人都不知道，我在佛山队学到的东西其实才是我在中国生活的基础，我在佛山也交了真正的好友。比如时任佛山队主教练是我的美国老乡杰伊·亨弗里斯，比如我有一名关系特别好的队友——“神射手“赵永刚，我们在佛山度过了快乐的一年，然后分道扬镳，但是我们之间的故事却远远没有结束，命运还会让我们汇到一起。我在这儿先卖个关子，后面会慢慢告诉你们。

那个时候我又想起了妈妈的话，有些东西是我想要的，而有些东西是我需要的。我想要和山西队完成续约，想要在那里继续中国的生活，但是这已经无法实现了。那个时候我一下子又回到了来中国前的原点，又被球队抛弃了，又没有球打了。我以为在山西的那 15 场比赛为我赢回了很多，但很明显我赢回的还远远不够，我需要再找一个地方来继续证明自己。

所以我要谢谢山西队带我来到中国，还要谢谢他们带给我的挫折，我更要谢谢佛山队给我的在中国的又一次机会。

我意识到，一个人进步的空间是无限的，但坠入低谷的深度也是无限的，如果做不到青云直上，也没必要气馁，在曲折中前进和攀升，才是真正的人生。

第三章　纽约人在北京

真正的人生转折点

和佛山队的赛季结束后，我获得了一份梦寐以求的合约，它来自北京首钢队。佛山队虽然拥有和我的优先续约权，但是他们对我非常好，在看到北京有兴趣之后，大度地放弃了优先续约权，这才有了我之后的故事。

怎么形容我和首钢队的这次签约呢？我觉得其重要性一点都不亚于我在 1996 年和明尼苏达森林狼队签下的人生第一份职业合同，能为北京首钢队打球在那个时候已经成为我个人和整个家族的梦想。我这么说没有半分夸张。

跟随球队我也算是走遍了半个中国，在不同的城市走马观花逛了一遍，只有北京让我感觉最亲切。没办法，我是来自纽约的孩子，我喜欢的就是大都市的感觉，我在小地方待不住，摩天大楼和拥挤的街道对别人来说也许是烦恼，但对我来说却是乡情。北京无疑是中国所有城市里最像纽约的那一个，至少我是这么认为的。我在中国过的第一个春节就是在北京，当时山西队放假，我让我太太也专程从美国飞了过来，我们在朋友的陪同下在北京好好玩了几天，去了好几个景点。我的太太也说，如果要在中国长期生活的话，她第一喜欢香港，第二就喜欢北京。

我在太原生活的时间太短了，根本没留意，在佛山虽然很滋润，那里有温暖的气候和便利的交通，但毕竟还是和我最习惯的繁华有所不同，而且我在中国最信任的朋友、合伙人也都是北京人。比如从我一到中国开始就陪在我身边的翻译杨晨，他为了陪着我只能远离北京的家人。我就想，如果在中国继续打下去的话，能来北京就好了。这还不光光是一个想法，因为我知道早在我和山西队刚刚结束合作时，首钢队就曾经产生过签下我的意向，只不过因为他们在更早的时候和另一位前NBA巨星史蒂夫·弗朗西斯达成了协议，且他们那个时候对刚刚在中国打了15场球的我也不是百分之百的信任，所以那个意向并没有发展成合同。但是在佛山的一个赛季之后，北京队对我的好感继续增加，开始更加认真地与我商讨合同，这个过程持续了一段时间，最终成功敲定。这期间，其他几支CBA球队也对我表达出了浓厚的兴趣并随之展开招募，与我走得很近的是广东宏远队，我甚至去了他们那里走访交流。宏远队是CBA里最出色的球队之一，是总冠军的常客，但我最终还是选择了北京，一方面是因为北京和纽约的相似，另一方面则是我更希望能去一支与我共同努力夺取总冠军的球队，而不是一支已经获得总冠军的球队。

那时候的我早已经对中国的生活非常适应了，在佛山度过的这完整的一个赛季对我帮助非常大，让我可以调整节奏，真正融入。我在佛山甚至可以自己打出租车，自己去超市买菜然后回到住处下厨，我开始像一个正常的当地人一样生活，而不是像我刚到山西时，大大小小的事情都要靠着别人去帮我办，自己只是酒店和球馆两点一线。

随着我在球场上的状态不断回升，我的心态也进一步沉淀。我开始学着接受现实，接受自己现在的样子，开始明白任何事情的发生都是有原因的，上帝给我的任何安排都是有道理和有目的的。我开始想，如果我回到过去，那么面对我在NBA最后两年发生的那些事情时，我是否能做出一些不一样的回应，让事情不至于发展到最糟糕的样子。我开始想，如果我再次遇到类似的事情，无论是被球队抛弃，还是被媒体攻击，我是否能比上一次做得更好，我是否能够让情况变得稍好一些。即便我无法改变事实，那我是否至少能让自己保持好情绪。

我无数次地询问自己，无数次地回望过去，有时候我能给出肯定的答案，有时候我还是控制不住想去埋怨和责备命运对我的不公，但更多时候，我能真切地感受到自己内心的平和与平静。找到答案是很难的，甚至是没有意义的，因为任何人都无法预测未来，下一次有事情发生时，此时此刻的想法会在一瞬间变得没用。坦然接受自己的不足，坦然面对自己的现状，首先让自己内心平静，不要再过分地被外界影响，把自己的日子过好了捋顺了，再说下一步。

我自己都惊讶于我的这些想法，我知道如果不是经历这些，如果不是远离家乡独自在外，我可能还陷在美国的环境里，还在被美国媒体攻击嘲笑着。而如果持续没球可打，我的生活会滑向哪里那可真不好说。

那个时候我决定要在中国继续待下去，因为在中国短短的一年半时间，我就能清晰感受到自己的精神开始变得强大，心态变得平和，整个生活更加舒服了。人活着的本质就在于享受生活，如果我达到了这个目的，为什么还要较劲呢？我倒是没有放弃有朝一日重新回到 NBA 的想法，但一方面这个机会还没有到来，另一方面我才刚刚离开那个圈子没多久，想再远离一阵子。NBA 那里纷纷扰扰，我在那里只有一个结局，那就是一刻也不得安宁。

我来到了北京首钢，后面的故事大家一定都非常清楚了吧。在这本书里我就不多讲自己在首钢队的故事了，那是一段可以写入中国体育史的故事。我的生命和灵魂与北京这座城市和这里的所有人融合在了一起，我为这座城市带来了至高无上的荣誉，而这座城市也回馈给了我一生都不会失去的梦想和记忆。

流传最久的，也是我自己记忆最深的一个画面，出现在我和首钢队第一次挺进 CBA 总决赛之后的球队更衣室。我在更衣室里的卫生间泣不成声，谁也劝不住我，我到现在还记得那时的感受。那痛哭并不是喜极而泣，那是压抑太久之后的爆发。我以为经过在中国生活的几年，我的心态已经平和，我以为自己已经接受了一切，但其实没有，我内心深处的某个地方，藏着我所有的自尊和骄傲，它们只是被封印了，从来没消失过。我一个从小就在篮球场上混起来的黑人孩子，篮球是我生命的维生素，是我生活中除了家人以外最重要的东西，但是曾经有那么多人试图把我驱逐出篮球场，他们哪里是在欺负我，他们简直是在尝试夺走我的生命。我用尽全力给自己找到了一方世外桃源，我躲了起来，把自己交给篮球，我都没有意识到自己隐藏着的情绪。

我心里憋屈得太久了，我隐忍不发，默默努力。我落魄至极地离开美国来到山西，我告别山西单方面的放弃南下佛山，我在佛山韬光养晦苦练内功来到北京，我在北京扛下所有的期待和责任，现在我完成任务了，我把最好的自己交给了最好的球队和城市。

这个时候，你们能不能夸我两句？能不能承认你们看错我了？

我靠在墙上哭，靠在更衣室的柜门上哭，我坐在地上哭，我无法控制自己的情绪，我只知道我在哭。我上一次如此痛哭，还是父亲离开我的时候，我好希望父亲能看到此时的我。

情绪稍微缓和一些之后，我对着记者说出了这番话："They said I'm old. They said I can't play no more, then criticism said I can't do it no more." 我一生回答过媒体无数问题，只有这句话我到死也不会忘记我是怎么说的："他们说我老了。他们说我再也打不了球了。那些批评的声音说我再也做不到这些事情了。"

他们错了，错得一塌糊涂，错得粉身碎骨。为了证明他们错了，我付出了这么多年的痛苦经历，我付出了无数伤心失落甚至绝望和自我放弃，我付出了隐忍和等待以及一遍遍的被质疑、被批评、被侮辱。

许多年之后，我在更衣室痛哭的画面传回了美国，有美国人看完之后说："迈克尔·乔丹在芝加哥公牛队夺冠之后抱着总冠军奖杯在更衣室倒地痛哭不起，我在马布里的身上看到乔丹的影子，我想那一刻他们两个人的感受是一样的。"

然后我拿到了第一个 CBA 总冠军，然后的然后我拿到了第二个 CBA 总冠军，最后我又拿到了第三个 CBA 总冠军。他们都说，拿一个冠军只是厉害而已，拿两个冠军那是靠惯性，而拿到第三个冠军就了不起了，那叫王朝。

让我很兴奋的是，在如何定义“王朝”这个问题上，中国文化和美国文化再一次保持了一致。

CBA 总冠军并不是 NBA 总冠军，这一点我清楚，可是这并不能改变一个总冠军的成色，更不能改变一个王朝的成色。在任何高水平的职业联赛中，夺取冠军靠的都是绝对的实力、长期的努力、团队的坚持和互相信任以及一定的运气，缺一不可。而我，在 CBA 夺冠不仅仅证明了我是一名优秀的篮球运动员，更证明了我是一名团队的领袖。我一直被狠狠诟病的就是我不是一名领袖，他们说我只是一名只顾自己得分表现的“独狼”，他们说我的高助攻数字都是刷出来的，他们说我在 NBA 打了 13 年，除了最后一年在凯尔特人“蹭”到了一个季后赛第二轮，其他赛季都没有带队突破过季后赛第一轮……

我拿到总冠军之后的夏天回美国休假，我的家人和朋友称呼我时都会多一个称号，他们叫我“冠军马布里”，他们口口相传，科尼岛上的马布里成了冠军。这又是一个属于我个人和整个家族的荣耀。

美国这边也注意到了我在 CBA 取得的成绩，虽然 CBA 和 NBA 的整体高度不一样，但他们明白，具体到个体的竞技水平和比赛的对抗程度上，CBA 也非常能够说明一个球员的水平。他们明白，至少，马布里还是一名值得信赖的老将。他们其实从来都明白这一点，他们从一开始就知道我是能打球的。当他们看到我在中国成了冠军，成了球队的领袖，于是他们就认为我变成熟了，会接受不同的现状和球队角色了，于是慢慢地，来自 NBA 球队的意向咨询开始出现了。

生活有时候就是这么奇妙，休斯敦火箭队在我第一次夺取CBA总冠军后向我伸出了橄榄枝，而递出橄榄枝的人居然是麦克海尔。是的，麦克海尔，我新秀时期在明尼苏达森林狼队打球时的球队总经理凯文·麦克海尔！就是这个麦克海尔，在我离开森林狼队时对我施加报复，他对着媒体撒谎，把我形容成一个嫉妒队友、偏离团队的人，那是我在NBA第一次被欺骗，第一次失去人与人之间的基本信任和道德协议。此一时彼一时，现在的麦克海尔在休斯敦火箭队当主教练，他的球队阵容极度不足，普通比赛表现还说得过去，到了关键比赛就熄火，他的后卫线上有当时刚刚崛起的詹姆斯·哈登，但再没有其他任何一名可以冲锋陷阵砍分并且经历过NBA世界风吹雨打的老将了。他在这个时候想到了我。他和球队总经理一起找到了我在美国的经纪人，给我开出了正式的加盟邀请，并且想和我通话沟通。

我的回复很简单，别把我的电话告诉他们，我不想和他们通话，我也不会加盟休斯敦火箭队。事实上，我不打算加入任何一支NBA球队，我不回NBA了。

我把这件事告诉了家人，他们都惊呆了，并反复劝我重新想一想。我的家人是对的，他们了解我一路走来真正期待的是什么，知道我想要重新证明自己，我想重新回到NBA，现在机会来了，我可以回到美国和NBA，回到篮球世界的最高舞台。但我的家人也是错的，因为他们毕竟没有和我在中国走过这些年，没有经历我所真正经历的，没有天天和我的这些首钢队的教练与队友相处，没有机会融入中国的生活并感受到北京的爱，他们不知道，我的想法在悄然间发生了改变。

有人问过我："老马，我知道你慢慢爱上了中国，我知道你在中国待着待着就待下来了，再也没回去，但是我也知道你是个美国人，你其实一直是想要回到 NBA 的，那到底是哪个瞬间或者哪件事让你决定不回了？有没有那个转折点？"

我告诉他，还真的有这么一个人生转折点，在此之前，我也是全心全意在中国生活和打球，但内心肯定憋着一股劲，希望有朝一日能班师回朝、荣归故里，再杀回 NBA 去。但是自从到了那个转折点之后，回 NBA 这个想法在我心里就彻底死透了，我一点都不想了，就想在中国待下去。

这件事对于球迷来说倒也不新鲜，但我还是想再次让你们知道，对于我来说，能在中国拥有一座雕像，让我决定，我老马不走了，就待在这，我要在首钢队一直打到打不动了为止，然后就在中国生活下来。

那还是我和首钢队拿下第一个总冠军的时候，因为 CBA 联盟当时的规则规定不能把总决赛最有价值球员（MVP）颁发给外援，所以在总决赛中带队取胜的我没能拿到 MVP，我的队友，来自宝岛台湾的李学林捧起了那个奖杯。我个人对此完全无所谓，因为我追求的根本不是个人奖项，球队夺冠比什么都重要，而我的表现大家都看在眼里，无须纠结于规则，况且 MVP 还是颁发给我的队友了啊。李学林是非常出色的后卫，在规则之内，他绝对配得上总决赛 MVP 的称号。

这件事只是夺冠中小得不能再小的一件事，大家都沉浸在狂喜和庆祝中。结果有一天有朋友让我去虎扑网上看帖子，我去了之后看到了虎扑网友正在为我征集 100 万个签名。他们认为我因为联赛规则没能获得应得的奖励，他们为了表达对我的爱，决定自费为我建造一座雕像。100万个签名很快就达到了，100 万啊，难以置信。而更难以置信的是首钢队夺冠的主场，位于北京五棵松的万事达中心［作者注：北京五棵松篮球馆当时的名字是万事达中心，现已改名为凯迪拉克中心。］在听说此事后，表示愿意把这个雕像放在体育馆前。

这就是我的人生转折点。

足够多的经历已经教会了我，计划再好也赶不上变化，所以我一直不敢轻易把自己的计划和中国紧紧联系起来。而且中国再好，我也是个美国人，等退役了，没有工作了，我连工作签证都没有，早晚还是得回到美国去。但是这一切，在我知道五棵松将树立起一座我的雕像之后就全变了。

我不知道是不是每个人都能理解雕像对于一个人的意义，雕像一般只属于伟人，而能拥有雕像的运动员实在是屈指可数。芝加哥联合中心体育馆前有一座迈克尔·乔丹的雕像，那是篮球之神。我曾经效力的明尼苏达森林狼队体育馆里有一座乔治·麦肯的雕像，那是 NBA 历史上的巨星。洛杉矶湖人队主场斯台普斯体育场前可能拥有数量最多的体育明星的雕像，毕竟湖人队是 NBA 联盟里最具有王朝故事的球队，他们的门前树立有“魔术师”埃尔文·约翰逊、“大鲨鱼”沙奎尔·奥尼尔、“NBA Logo Man”（NBA 标志的原型）杰里·韦斯特、“天勾”卡里姆·阿卜杜·贾巴尔和埃尔金·贝勒的雕像。犹他爵士队的体育馆前有“邮差”卡尔·马龙和他的黄金搭档约翰·斯托克顿的雕像。你会在波士顿找到“指环王”比尔·拉塞尔和“大鸟”拉里·伯德的雕像。你还会在费城找到“大帅”

威尔特·张伯伦和“J 博士”朱利叶斯·欧文的雕像。

看看这些名字吧，如果你是篮球迷，你就会知道这些都是什么级别的人物。如果你不是篮球迷，或者你的年龄还小，不认识他们中的一些，那我给你打个比方你就明白了，他们之于美国篮球，就像姚明之于中国篮球。

即便是姚明，在中国也没有雕像。而现在，球迷们自发要为一个来自美国的黑人运动员，建一座雕像。

我想不到任何语言可以去形容我的震惊和感激，我觉得这件事有点过了，我受不起这样的礼遇，因为我不知道怎么去回报。

当我看到雕像的设计图案时，我差点叫了出来，那是我双手高举 CBA 总冠军兴奋呐喊的样子。

雕像揭幕那天，我换了一身正装，准备了一篇发言稿，我在首钢队的几名队友也赶到了现场，一个小小的仪式，一份巨大的爱与荣耀。

当时有一支美国传奇篮球明星队刚好在中国打表演赛，他们听说我在北京居然有一座雕像，就也一起赶过来凑热闹，这队里有中国球迷非常熟悉的阿伦·艾弗森和丹尼斯·罗德曼。艾弗森和罗德曼看完雕像后久久无语，罗德曼说：“兄弟，你这可太不寻常了，你到底在中国干了什么，这可是一尊雕像啊！”艾弗森则跟我说，他原本以为自己是除了科比以外最受欢迎的 NBA 球员，现在他觉得自己比我还是差了一个档次。艾弗森还说：“斯蒂芬，我真的很羡慕你，我不知道费城 76 人队未来会不会给我建一座雕像，也许不会吧，我不知道我会不会在任何地方拥有一座雕像。”

我理解这种感觉，至少对于美国运动员来说，拥有一座雕像就相当于被封神了，人生再无所求。

后来，美国有越来越多的人知道了我在北京有一座雕像，他们正是因为这座雕像才开始正视我在中国取得的成绩。他们知道，夺冠什么的虽然也很厉害，但能拥有雕像这就完全是另一个层面上的事情了。

早晚有一天我会从这个世界上消失，但是这座雕像会比我在这个地球上存在的时间更久，一想到这，我就更加觉得我对北京这座城市，对中国这个国家，对这里的球迷给我的爱和包容，无以为报。我的人生从这一刻变得再也不同，我终于知道自己的未来将属于哪里。

NBA？我确定我还可以回去，但我彻底不想回去了。

首钢王朝梦断

我在北京首钢度过了人生中最快乐的时光，我和教练、队友完全穿越了语言和文化的隔阂，他们彻底地把我当成了自己人。在夺下首冠后，我又帮助球队再拿两冠完成王朝之旅，我还和球队续了约，把自己的未来与这里绑定。年近四旬的我已经不再年轻，但我比年轻时的自己更加爱惜自己的身体，我训练得更加拼命，那段时期见过我训练量的朋友都劝我适当减量，别伤了自己。虽然我也害怕受伤，但我知道，在这个年纪，只有高质高量的训练才能保证我在赛场上的发挥。我也确实经历了一些伤病，尤其是膝盖里的积水情况比较严重，已经到了必须要抽积水才能打球的地步。可是我对自己的状态有着充足的把握，我觉得自己还能再打两三年没问题。

在首钢队这几年，我和教练还有队员们一起成长，他们都知道我花了多少时间来帮助别的球员成长。我知道自己在变老，我也知道要想让首钢王朝继续，全队都必须不断变好。我刚来北京队时，方硕还是一名上不了场的小将，后来慢慢地他开始有替补登场的机会，再后来成了主力和核心球员，而如今的方硕已经成了中国国家男篮的核心球员。方硕就是我看着成长起来的，我甚至希望能在休赛期时带他回美国进行特训。方硕只是我为了帮助北京队变得更好而做出的努力中的一部分，我在训练和比赛的点点滴滴中不断传授着我的经验，分享着我的看法，而教练团队也非常信任和支持我，他们经常会认真地询问我对一个战术或者一场比赛的看法，并且特别重视我给出的意见和反馈。这一点我要特别感谢我在首钢队的主教练闵鹿蕾闵指导，如果没有他对我的信任以及他对整个团队的领导，我不可能拥有这些机会。我现在能成为 CBA 主教练，也是多亏了他的很多指点，当然，这是后话了。

总之，我做好了在首钢队打到职业生涯结束的打算，我和首钢队的合同也签到 2018 年赛季结束。到那个时候，我将完成自己职业篮球生涯的第 22 个年头，那将是一个了不起的成就，没有多少球员有机会打 22 年职业篮球，不管是在哪个联赛里。我们 1996 年 NBA 选秀被称为 NBA 历史上的黄金一代，我算过了，只要我打完 22 年，我就将成为黄金一代里面打球时间最长的一位。

我对中国篮球和中国文化的理解也到了一个新的高度，我已经成了别人眼中的“中国通”，虽然我还是没有学会说中文，但这一点都不影响我在这里继续做好自己，同时帮助他人。

但是就像我说过的，永远不要计划，因为计划赶不上变化，谁都不可能百分之百地掌控自己的人生，有时候无心插柳柳成荫，有时候却是你越想要什么就越得不到什么。这个道理放在我身上仿佛特别管用。

我好不容易过上了几年“安稳日子”，意料之外的事情又发生了。不过那时的我已经不再是年轻时的我了，早已经经过大风大浪，心态早就变得成熟，我能够接受和面对任何现实，因为我知道我总会有办法找到新的方向和道路。只不过，让我心痛的是，这新的方向和道路可能不在这座我挚爱着的北京城了。

CBA 联赛 2016—2017 赛季，我们的成绩不够好，全队新老交替，内外援都出现过伤病。我的状态也在这一年有一些起伏，不过我相信这只是前进路上的一个小小的后退，我们经过重整还能再次冲击胜利，我和首钢也还有最后一年的合同。但就在这时，首钢队的管理层发生了巨大的变动，秦晓雯女士成了球队的总经理，新官上任三把火，展开了大刀阔斧的改革，她要拆散并重建这支北京首钢队。

这重建的第一刀就落在了我身上。她决定不再留用我，即便我和球队之间还签有一年的合同。她为我选择了一条在她看来非常美妙的路，她让我在合同的最后一年工资照拿但是不能给任何队伍打球，她甚至跟我说，我就拿着这笔工资去好好休息一下，享受享受生活，可以去夏威夷海滩躺着赚钱。

其实在赛季正式结束前，一切已经成为定局。我在一场比赛中被球队休战，让我有不好的预感，于是特意找到了秦晓雯，非常坦诚直接地和她说了我想留下来的想法。我们的对话很简短，没有什么结论，她只是闪烁其词。我又找到了闵鹿蕾教练，我问他我怎么样才能留下来。闵鹿蕾跟我说：“这事儿你别问我，你还是得去问总经理，我都不知道自己下个赛季还能不能当主教练，还会不会留在这里。”

后来的一次全队聚餐上，我明显感觉到那次聚餐的气氛与往日有点不同。我说不上有什么具体的不一样，但是我在这里太久了，和大家太熟了，我能感觉出来大家好像都在刻意回避我，他们好像知道了什么我不知道的事情。事实上，那个时候全队都已经知晓了新任总经理的计划，只有我一个人还被蒙在鼓里。

我了解到秦晓雯是一名非常有经验的篮球经纪人，在中国篮球圈里也工作多年，但对于北京首钢这支球队而言，她完全是一个刚刚入局的新人。在我看来，她得到这份工作的一大好处是，她能够有机会通过自己的努力让首钢队这个刚刚建立起来的王朝继续走下去。我们才仅仅只有一个赛季没有进入季后赛而已，我们的能力和潜力都还在，老虎还有打盹的时候，我们也必然会再次冲击总冠军。

我马布里来中国以后，慢慢蜕变，把一颗心都交给了这里，也在这里创造了成就，我和这支球队、这座城市还有这里所有的人都亲如手足，而她却给我抛来了一个如此具有讽刺性的所谓美妙的选择。我觉得要不然就是我们之间有什么误会，要不然就是她不知道出于什么原因对我有成见，否则她不可能这样对待北京首钢队的一名王朝缔造者。让我想不通的是，我什么都没有做错，这种成见从何而来。

我看着她的眼睛，我想她完全明白我的意思，但是我却不能理解，也不敢相信从她嘴里刚刚说出来的话。我觉得一定是有什么事情搞错了，但是我也知道，她是总经理，我是球员，而这就是我和首钢队的最后结局了。猝不及防，却必须接受。

被迫离开纽约尼克斯，被迫离开整个 NBA，被迫离开山西……每一次离开都让我抓狂，让我愤怒，但是没有一次离开能够真正抽走我的灵魂。这一次，被迫离开北京首钢，我是真的伤心了。

我伤心了，感觉自己灵魂的一部分都被抽走了。我在尼克斯没有赢过总冠军，我在整个 NBA 都没有赢过总冠军，我在山西只打了 15 场球连季后赛都没进，可我在北京却拿到了三个总冠军啊！同样是离开，但我离开的可是首钢啊！过去几年，我的时间，我的身体，我的精神，我的一切都交给了北京首钢，我毫无保留，哪怕是把自己打到油尽灯枯。我带领年轻球员，我甚至和首钢女篮也建立了良好的关系，就更不要说我融入了整座城市了。

我一直以为这个美丽的现实会一直继续下去，但是真正的现实告诉我，这是一场终究会醒来的美梦。

我对秦晓雯女士没有任何意见，我现在提到这些，也没有半点说她坏话的意思，我理解她作为总经理有自己的建队想法，首钢集团高层赋予她这个权力来做这些事情，也有他们的感受。我自始至终没有任何气愤或者其他激烈的情绪，我就是感觉特别伤心，痛彻心扉的那种伤心。

在和俱乐部进一步沟通的过程中，我也提出了一些想法和要求，都没有被通过。但在我的观念里，该提的我要提，你可以不答应，我也没说非得要，这就是谈判的一部分，这就是篮球运动中做生意的那一面。但是我和俱乐部是一样的，都有各自的底线，我不接受首钢队最后对我的处理方式，如果我拿着钱不打球，躺到夏威夷海滩上去了，这么多年支持我的首钢球迷会怎么看我？我的家人、朋友、那些被我激励着的人会怎么看我？未来的我又会怎么看待自己的选择？

我非常想再打一年，离我的目标就只差一年了，怎么偏偏就在这个时候让我的首钢梦中断了呢？

不过就像我前面说过的，多年的风风雨雨下来，我已经变得成熟了许多，有更好的心态和智慧来接受现实并解决问题。伤心总是难免的，但生活还要继续，篮球还要继续，我非常想留在首钢，想留在北京，但如果上帝对我的安排又发生了变化，我也只能做好自己去迎接下一段人生。

这一次，我更加体会到珍惜生活是一种必备的能力，因为生活会在你根本来不及准备的情况下为你留下永远都难以弥补的遗憾。我都还没有准备好，就要脱下北京首钢队的战袍了。

在北京，我被美国重新接纳

脱下首钢战袍后，我并不想退役，再战一年的想法非常强烈。我要不然就再找一支中国球队留在 CBA，要不然就杀回美国，找一支适合的球队，在 NBA 贡献一年余热。

后来的结果大家都知道了，我并没有回去，依然选择了留在 CBA，而且命运非常眷顾我，给了我留在北京的第二次机会，我加盟了北京的另一支 CBA 球队北控男篮，开始了自己职业球员生涯的最后一段旅程。

但实际上，我差一点就回到了 NBA。我在首钢队的最后一个赛季期间，和美国那边的联系和互动已经紧密了起来。赛季结束后，在知道自己无缘留在首钢之后，我回美国度假时也和几支 NBA 球队进行了接触，美国媒体也曝出消息说有球队在认真考虑邀请我加盟。说实话，那个时候我确实再一次动了回 NBA 的心思，也许这是一个让我的篮球生涯落叶归根的机会。

这些年间，我完全没有想过要回 NBA 吗？

显然是不可能的。从我来中国的第一天，我就想着有朝一日能杀回去，当我的雕像被树立起来之后，我对自己在中国的状态达到了极度的满意和享受，甚至拒绝了回休斯敦火箭队打球的邀约，但是随着时间的推移和事情的变化，现在我又来到了人生的一个十字路口。

我一点都不想念在 NBA 度过的那些灰暗的日子，不想念那里尖酸刁刻的媒体，不想念那里虚伪的人们，但是我想念在那个舞台上和世界上最好的篮球运动员们同场竞技的感觉，想念日复一日挑战自己不断冲破极限的过程。而我最想念的，其实还是在自己真正的家乡被人尊重的感觉。

虽然最后我没回去，但我必须和各位分享的是，能在职业生涯末尾的 40 岁高龄再次拥有回去的机会，这对我意味着很多。而我之所以在那个时候能有这种机会，其实是因为美国篮球圈和美国社会对我在中国这些年坚持下来取得的成就有了全面的了解，他们中的绝大多数人终于改变了许多年前对我的偏见，终于睁开了故意闭着的眼睛，终于重新接纳了我，这让我的人生再次变得不同。

而我之所以能重新赢回美国人对我的尊重，其实还是源于我在中国的经历开了花结了果，并最终被人看到了。

时间回到 2016 年的夏天，我突然接到了我在美国的一个媒体朋友的短信，他是 ESPN 的记者马克·斯皮尔斯，我们以前认识，但是很久没有联系了。马克·斯皮尔斯告诉我，他所供职的 ESPN 现在和中国的关系很紧密，他们由此也开始关注相关的体育故事，而他认为我在中国的这段经历很值得被认真讲述出来，让美国人好好看看。

我乍听之下直接拒绝，我太熟悉这帮美国媒体的套路了，天知道他们会把一个故事讲出什么样的版本。斯皮尔斯后来又找了他在ESPN的中国同事来和我联系，我就是这么认识本书的合著者袁方的。在他们的轮番沟通下，我答应了他们的采访要求，我们定在2016年10月NBA在北京举办中国赛的时候进行采访，届时他们都将从美国飞来中国。

对于美国媒体来说，能愿意花这么多经费派上一队人马专程赶来中国采访我，这倒真是这么多年以来的头一遭，而且这个采访计划不断升级，最终决定要为我拍一个小纪录片，并把这个纪录片在美国的王牌体育节目“Sports Center”（体育中心）的黄金档上播出。

后来我了解到，其实这个计划在ESPN内部也经历了一些坎坷。他们的老板也是花了很长时间来审核这个采访项目的价值，因为他们并不知道我在中国的真实情况，也不知道他们对故事的讲述和呈现的方式是否能让我接受，又是否会让美国人有共鸣。听说前前后后沟通审批了两三个月之久才最终决定下来，这之中，像袁方这样在那里工作的中国人起到了决定性的作用。因为他虽然在美国工作，却非常熟悉中国的事情，他向美国同事介绍了我在中国的真实状况，为我的故事做了担保，相信我的故事肯定会激起美国人的热论和反思。

你看，到最后，真正能够把我和美国重新连接起来的还是中国人。中国人伟大之处就在于他们愿意花时间和精力去学习了解别人的文化，继而推动两种文化的兼容并包和共同进步。但是美国人在这点上则做得非常差，美国人根本不愿意花任何功夫去了解别人，只喜欢凭借自己的想法做出判断。

10月份的时候，ESPN的摄制组如约到达，我们在一起度过了两三天的时间。我对他们敞开心扉，我带着斯皮尔斯绕了北京城大半天，带他去了所有我认为值得被讲述成故事的地方。

斯皮尔斯是一名很好的记者，在我最落魄的时候，他还没有成长为现在这么资深的媒体人，他也对那时候发生在纽约的事情感到不可思议。我们聊了许多有关于过去的事情，他也看到了我如今的生活，他说这短短几天让他也受益匪浅，因为他真正见证了一个美国人在另外一个国家可以达到的成就到底是什么样子的。

我们首先去的就是依然伫立在五棵松的我的雕像，我们站在雕像前聊天，后来的纪录片成片的开头和结尾也都是这一幕，就像我之前说过的，雕像的意义实在非比寻常。

我们去了我在北京的博物馆，斯皮尔斯非常惊讶，说北京怎么可能会给我建设一个个人博物馆。

当斯皮尔斯看到我把自己从小到大在篮球路上的所有具有纪念意义的奖杯、奖章、球衣、剪报和其他纪念品都搬到了这个博物馆里时，斯皮尔斯不禁感叹："这真的是纽约的损失，这也是美国的损失，你曾经获得过这么多伟大的成就，你的这些辉煌历史以及这些能够见证历史的纪念品理应留在美国，让那里的孩子们被你激励和鼓舞，可他们却把你赶走了。看到这些东西还能在这里被保管和展览出来，我真的非常高兴，它们在激励着这里的孩子们像你一样追求篮球梦想，改变自己的人生。"

斯皮尔斯还看到了我的邮票，他彻底震惊了，他说："斯蒂芬，我知道你有雕像，我也知道你有一个博物馆，可你从来没告诉过我，他们还给你出过一款邮票，这未免太夸张了吧！"

斯皮尔斯看到的邮票是北京邮政公司为我定制的蛇年邮票，叫作《王者之路》，一共由 18 枚邮票组成，记录了我和北京首钢队一起夺取三次 CBA 总冠军的荣耀历程。我跟斯皮尔斯说："这是中国邮政历史上第一次单独为一名运动员出品邮票，这属于前无古人。"

斯皮尔斯陷入了沉思，他说："斯蒂芬，我觉得你为许多人树立了一个榜样，你告诉了他们，一时的失败只是成长中的必经过程；你告诉了他们，一个人最重要的品质就是坚持相信自己，永远不被一时的失败打倒；你也告诉了他们，世界这么大，真的应该走出来看一看。我们总以为美国是世界之巅，其实我们也很渺小。当我看到你在这个国家做出的这些成就以及他们回报给你的荣誉和尊重时，我真的觉得自己一定要帮你把这个故事讲好，讲给更多人听。"

我又带着斯皮尔斯去了很多地方，包括我最喜欢的烤鸭店。斯皮尔斯和他的美国同事不会吃烤鸭，面对满桌子的中国食物时也像我刚来时那样，举着西式刀叉不知道该怎么下手。我熟练地用着筷子，依次向他们介绍着每种食物，然后像试吃员一样吃下每一样食物，向他们解释着味道，尝试带动他们尝试一些新鲜的食物。我说："我们都知道，对不同环境的适应力其实是一种重要的能力，但是知道和做到是两个层面上的事情。我见过太多外国人，口口声声喊着要适应中国，可他们可能多少年下来都不会用筷子，也吃不了中餐，那他们怎么能适应呢？怎么能和中国的朋友及生意伙伴打成一片呢？一次两次你想搞特殊，大家都会照顾你，可如果你次次都和别人不一样，别人慢慢地也就不爱带你玩了。你如果一直很强大，那倒也能混下去，但你的上升空间就没有了，何况对于运动员来说，你也不可能一直保持强大。”

斯皮尔斯笑着说：“斯蒂芬，你已经不仅仅是个运动员了，你成了哲学家了，而且还是人生导师那个级别的哲学家，你现在这个水平，可以回到大学去拿个博士学位了。”

我让斯皮尔斯别开我的玩笑：“来，先把这个鸡爪子给我吃了。”斯皮尔斯大惊失色，仓皇而逃……

在采访的最后，斯皮尔斯问了我一个问题，他说：“如果没有中国，你觉得你现在会在哪里？”

我说：“我不知道，真的不知道，我可能已经死了，我真的不知道。”

我嘴里的死并不是指生命的终结，而是指我的篮球人生的终结。但是在回答他这个问题时，我篮球人生中的一小部分其实也还是处于濒死状态，那就是我和美国篮球圈的关系。我永远都记得我是怎么被迫离开美国的，那是耻辱的经历，我曾经是一个记仇的人，曾经是一个会对很多事、很多人耿耿于怀，一定要证明自己的人，现在的我慢慢变了，不再计较从前了，但其实也是因为我在另一个地方获得了成功，可以强迫自己忘掉从前，轻装上阵。

但 NBA 始终是我心里的一个痛。

斯皮尔斯看出了我的心思，他说：“斯蒂芬，后天就是 NBA 中国赛北京站的比赛，你要不要去现场？明天美国那边会来许多人，除了我们媒体这方面的，还有好多退役球星会来，联盟总裁亚当·肖华也会带着其他高管出现。”

我的第一反应还是拒绝，我为什么要去呢？我去了能干什么呢？我是被他们赶走的人，我们见了面又能说什么呢？

斯皮尔斯跟我说："斯蒂芬，你要相信我，现在你是中国文化的专家，但我是美国问题的专家，你一定要相信我。其实你的所作所为，你在中国的这一切，我们都注意到了，要不然我也不会在这里。我们只是缺少一个契机，缺少一个台阶，大家往前这么迈一步，一切都会好起来的。你放心吧，我知道你在担心和犹豫什么，我再说一遍，你要相信我。"

虽然他这么说了，可我还是很犹豫。这种感觉我不知道你们可不可以理解，它是一种各种情绪混合在一起的感受，总之让我感到很不舒服，我宁愿不去面对任何可能会出现的尴尬情况，不让别人为难，我也可以继续待在我的舒适区内。

在比赛开始的那天下午，一直在纠结的我还是抵挡不住内心的那一丝希望，我希望一些好事情会发生，这种希望最终战胜了我的担心和犹豫，我决定出席这场比赛。

那场中国赛的参赛双方是休斯敦火箭队和新奥尔良鹈鹕队，其中火箭队因为姚明非常受中国球迷的欢迎，这次两队都是携带所有主力前往中国，有大家非常喜欢的詹姆斯·哈登和"浓眉哥"安东尼·戴维斯。NBA 为了给中国赛进一步造势，还从美国请来了几名退役的巨星来现场助阵，比如"非洲大山"迪肯贝·穆托姆博和"手套"加里·佩顿。对于中国球迷来说，这是一场"星光灿烂"的篮球盛宴。

在比赛进行过程中，现场 DJ（现场解说员）会抽时间介绍每一位到场的嘉宾，每一位从美国远道而来的传奇巨星都获得了现场球迷的欢呼，但是当 DJ 介绍到我时，现场观众发出的欢呼声超过了所有人。虽说这五棵松内的欢呼声对我来说是一点都不陌生，但当天这帮球迷应该有一部分是从全国各地赶来的，不一定都是北京本地球迷，而且这毕竟是 NBA 的场子，他们没必要对我致以任何特殊的呼声。不过很显然，这帮球迷给了我一个巨大的面子，就在NBA总裁、高管、传奇巨星和现役球星面前，把我给捧上去了。

中场休息时，我从场地下的座位进入了通道，坐一个电梯上到了球馆 VIP 包厢那一层，按照约定，我要到一个包厢里去和 NBA 的高管们见个面。一路走上去，我的心情非常忐忑，我上一次和 NBA 的高管们会面还要追溯到 2008 年，而那次我们之所以见面，是因为球员工会为我请的律师带我去和联盟高管代表还有尼克斯队的代表开劳动合同仲裁会……自那之后，我们再没有交集，生活在两个世界。

包厢的门打开之前，我对接下来几分钟要发生的事情大概做了个预测，我们应该就是打打招呼，互相介绍一下，寒暄两句，然后挥手作别，给跟拍的媒体留个影像讲讲故事，也就是这样了。

这样也行吧，好歹我们再相逢了，而且也不是那么尴尬，是以相对平等的姿态。

包厢的门打开了，我倒吸了一口气，露出惊讶的表情，这小小的包厢里居然塞了这么多人。

总裁亚当·肖华首先走了上来，我可以从他的身体语言和面部表情中瞬间读出他的热情和激动，紧接着是副总裁马克·塔图姆，NBA 中国的时任总裁大卫·舒梅克，他们依次给我介绍着在场的每一位联盟高管，而每一个人都非常礼貌和热情地握住我的双手。他们都说：“斯蒂芬，这里是你的地盘，我们能在这里见到你真的非常开心。”和高管们打完招呼，一个熟悉的面孔蹦到我面前，大喊着我的名字。我抬头一看就笑了，加里·佩顿，这按说是我在联盟里的老大哥了，他是传奇后卫，也是NBA的垃圾话大王，我还在NBA时候和他对位时没少互相喷过对方，那个时候他倚老卖老，而我是初生牛犊。

我的脑海里从来没有构想过这样的画面，我从来没有设计好自己面对这一群人时该怎样去表现，该说什么得体的语言。这么多年了，我和这个圈子早已相隔万里，相忘于江湖，纵使相见，也不过是点头握手寒暄道别。

但人都是念旧的，都是有情怀的，也都是希望得到爱与尊重的。NBA曾经是我的一切，美国也是我的祖国，在我内心最深处，我是期待着能有这样一个机会让我重回那个大家庭的怀抱。

我没有意识到，原来我在中国这些年的努力，其实也在帮助我被美国社会认可，只是这个过程可能比较曲折比较长，而且需要推手和机缘，我自己并不知道什么时候该迈出那一步。

而马克·斯皮尔斯就成了这个推手，为此，我非常感谢他。

亚当·肖华握着我的手，对我说：“斯蒂芬，我知道你一定有许多想说的，但是今天在这里，我只想让你知道，你在中国做到的这一切非常了不起，你不仅仅在这里建立了一个职业联赛的王朝球队，而且你充当了篮球大使的角色，你用篮球帮助中国和美国两个国家的球迷走到了一起，你对篮球国际化的贡献非常巨大。我不知道你是否有意识到自己到底做到了什么，我们都看在眼里，我们非常感谢你，非常敬佩你。下一次你回到纽约时，请一定让我们知道，我希望你能够去 NBA 联盟在纽约的总部办公室坐一坐，我们可以畅所欲言地好好聊一聊。”

马克·塔图姆对我说：“斯蒂芬，这几年来我的工作一直和 NBA 在中国的发展紧密相关，在许多次工作和交流中，你的名字都出现在了谈话中。可以说，虽然你不在 NBA 了，但你对 NBA 的帮助和推广起到的实际作用依然是巨大的，没有你，就没有篮球运动在这片土地上的蓬勃发展，谢谢你！”

加里·佩顿对我说：“斯蒂芬，看看你，我的兄弟，我像你这么大的时候已经跑 30 米就要喘气了，而你怎么还像个二十多岁的小伙子一样。三冠王！请收下我的膜拜！”

那十几分钟，整个包厢里充斥着欢声笑语，那欢声笑语甩去了多年的阴霾，建立起一段全新的关系，就在那天的五棵松篮球馆里，我被 NBA 世界重新接纳了。他们对我的态度非常诚恳，而那对我来说真的太重要了。

又过了一段时间，ESPN 采访我的这个专题片在美国播出了，大概十分钟左右，回顾了我的过去，讲述了我在中国的一些经历，告诉了美国人我在中国所取得的成就以及真实的生活，分享了我的心路历程。这个专题片在 ESPN 的黄金档播出，并且之后不断在不同频道和不同时段反复重播，影响力非常巨大。

我简直都想不起来，上一次被美国媒体正面报道是什么时候了，可能是我刚刚加入尼克斯队的时候吧，那时候我还是荣归故里的纽约之子。时间真快，转眼间物是人非。

我下一次回到美国时，真的去了 NBA 联盟在纽约的总部办公室，在那里和肖华聊了很多。

在后来的一段时间里，我和 NBA 的关系越来越密切，和中美两边的高级管理层都建立起了联系，他们会邀请我参加一些 NBA 在中国的活动，在许多国际篮球事务上也会咨询和听取我的想法和建议。

就比如这次新型冠状病毒疫情，我很早就给亚当 · 肖华发了邮件，和他分享了我在中国听到和学到的经验。我告诉他，NBA 应该马上停赛。类似这样的交流还有很多，我们之间拥有了信任，他们认识到了我是一个什么样的人，我也愿意去回报他们给我的这份尊重。

但同时这也引起我的思考，人在这个社会上的价值确实是与他在世俗中的地位紧密相关的。当我是 NBA 冉冉升起的球星时，围绕我的一切事物都是顺风顺水的；而当我遇到挫折困难时，似乎大部分人都在拼命远离我，而还有一小部分人一边远离还要一边落井下石；当我远走他乡时，他们尝试彻底从记忆中删去我，这么些年来根本没有人过来问候我；而当我做成另一番成就时，所有失去的仿佛又都回来了。

当然，我知道很多情感并不是凭空捏造的，比如这次 NBA 世界对我的重新接纳就是自然而真诚的。但是回想这一路走来我所遇见的这些人和事，我也禁不住感叹人情冷暖。

其实我特别想一直当一个简简单单的人，埋头打球，抬头呐喊，在场上写就自己作为一名职业运动员的辉煌，在场下利用自己运动员身份所带来的资源和创建的平台去打造个人的品牌，让整个家族都过上更好的生活，同时可以帮助更多像我一样的孩子。

但我确实太简单了，太幼稚了，幼稚到了居然以为我可以平平稳稳、简简单单地把上面这些事都做完，我居然不知道想做到这些事所需要的步骤和程序。我意气风发，以为全世界都会按照我希望中的样子进行，以为遇到的所有困难都会像球场上的对手一样被我突破和击败，直到我栽了跟头发现自己很难爬起来，直到我遇人不淑发现自己被伤了心。

这一课是惨痛的，但所幸我从中学到了不少。

作为一个生活在北京的纽约人，我融入了北京，也深爱北京，甚至申请获得了中国的绿卡，也成了北京的荣誉市民，但是我同时也永远不会忘记来自何方。我是来自美国纽约布鲁克林科尼岛上的一个黑人小孩子，喜欢打篮球，篮球就是我的生命。就这么简单，这就是我的全部标签和简介。我永远不可能割舍自己的祖国，永远会记得自己的根基，但是命运如此奇妙，生活如此伟大，我通过在中国这些年的奋斗，居然在北京重新找到了我在美国的根。

第四章 我的“下半场”开始了

22 年职业球员生涯，在北控男篮落幕

我在 22 年职业生涯的最后一年来到了北控男篮，我很感激他们对我的赏识和信任。我以前一直都把首钢当作我在北京唯一的家，因为我不认识别人，而现在我走出了自己的舒适圈，才发现北京城之大，穿越城市的中轴线来到另一边依然别有风景，更发现北京城之美，生活带给我的遇见和缘分都在等待我去探索。

北控男篮的全称是北京控股篮球俱乐部，是 2009 年成立的，球队最开始在广州，叫作自由人篮球俱乐部，后来搬去了重庆，成了翱龙男篮，2014 年时升入了 CBA 联赛，2015 年被北京控股集团收购并迁到了北京。当我了解到球队的这段历史后，我立刻就感觉非常兴奋，因为这是一支全新的球队，它自从成立以来就“东奔西走”，追寻着升入顶级联赛的梦想和目标。这像极了一名运动员的篮球生涯，有谁不是走南闯北，有谁不经过颠沛流离就能成功？我小时候一直以加入纽约尼克斯为最高梦想，可为了实现这个梦想，我前前后后辗转多地，佐治亚、明尼苏达、新泽西、

亚利桑那，最后才回到了纽约。而纽约却并不是终点站，我又去了波士顿、山西太原、广东佛山，最后才来到了大北京。我觉得北控男篮成立以来这段不长的历史和我的人生之路有很大的相似之处，而且作为一名来到职业生涯最末期的老将，能加入一支身在北京的新军，这是一个完美的组合，会给球队以及我个人带来全新的体验和特别的机会。

站在今天往回看，我当时的判断完全正确，我和北控的这一切都是命中注定。现在的我能成为北控男篮的主教练，并不是巧合。北控男篮早就通过我职业生涯的最后一年和我相识相知，他们了解马布里是一个什么样的人，而我也知道这家俱乐部和我以前所经历过的所有俱乐部相比有什么不同之处。我为北控效力的这一年，为我们现在的合作打下了坚实的基础。

我加入北控男篮时，球队在北京城还算是一支绝对的新军，连续几个赛季成绩平平，无论是球队自身的实力基础，还是在北京城的文化和球迷基础都处于起步阶段，有些北京本地人甚至都不知道这里还有第二支 CBA 球队。无论是个人还是球队，在刚起步还很弱小时，都需要经过一段时间的积累，不断加强自信和信念，等待最终蜕变的一刻。我很高兴我能在北控还是一株小苗子的时候加入，与球队一起成长的经历仿佛让我也再次年轻，再次体会从头再来的感觉。

很多人都不了解北控集团和北控男篮，在他们心中，这就是一支在 CBA 中的新军和弱旅，他们根本没有花时间和心思来了解一下这支球队来到北京后的建队理念和目标是什么，他们也不会来了解北控集团的相关领导和球队里的核心人物都拥有什么样的经历和性格，会把这支球队带向何方。

我加盟北控的消息传出来之后，很多人的第一反应是马布里想在CBA再打一年的想法和北控男篮想在北京赢得更多人气的需求不谋而合，所以双方走到了一起。我理解人们为什么会这么觉得，我也不否认大家提到的这两点也的确是我和球队能走到一起的重要原因，但其实我和北控能有机会合作完全是因为我们双方在沟通中碰撞出了关于未来的希望的火花。北控集团对球队在北京的发展，对集团和球队在未来中国篮球事业中所能起到的作用，都有着非常远大的理想和具有细节的规划。北控男篮在自己的实力还不被别人看到和认可的情况下，根据自身的实际情况做出了非常完备并且具有远大目标的规划。在我们的会面中，集团领导告诉我，球队的目标是成为现代化顶级篮球俱乐部，想通过几年的时间，把球队打造成体系完备、专业高效、引领北京篮球文化、享有国际声誉、拥有独特气质的篮球文化图腾。

当我听到这番介绍时，我能感觉到自己内心又有一团火熊熊升起。我待过的、见过的篮球队太多了，有NBA顶级球队，有CBA传统强队，但北控男篮传达给我的精神力量却非常质朴和有意义，他们想得很远很高，但是又有具体的方法和计划来落实，这让人敬佩。

前面我讲过了，离开首钢后，关于职业生涯的最后一年我也有认真考虑过回NBA，最后正是因为有缘碰到了北控，才让我得以在中国以球员的身份奉献出自己的最后的力量。

在得知自己可以加盟北控之后，我写下了一封信，今日今时重读，依然觉得这封信最能代表我当时的心情，我挑出其中的一些段落再和大家一起重温一下。

今天凌晨 5 点，我和我的训练师克里斯回到了北京。我知道，这一次与众不同，新的篇章即将翻开，这个下午，我就将和北控男篮签订合同，为北控，也继续为北京这座城市，出战 2017—2018 赛季。这将是我职业生涯的最后一个赛季。

我开心极了。因为我最终留在了北京。这里是我的家，是我的命运。在过去两个月里，我一直很难想象，如果我离开北京，为另外一座城市打球会是什么样。在我漫长的职业生涯里，我效力过很多球队。来到中国之后，我先在山西和佛山打球，积累对这个国家和 CBA 联赛的认知，然后才来到了北京。但当我来到了这里，我就再也不想离开了。我爱这座城市的厚重和情义，我爱这座城市里的人们对待我的方式。

一日北京，终身北京。现在，我终于实现了愿望。

感谢北控男篮。他们相信我，给了我留在北京的机会。他们知道，虽然我已经 40 岁了，但我身体里仍然留存着能量。我很快会和主教练丁伟见面，尽快融入球队。我将把我所有的能量，都留在下赛季的赛场上，我将为北控男篮倾尽所有。他们同样代表北京。我知道，球队的管理层仍在积极引进运动员，增强球队实力。我为我们将在新赛季拥有的竞争力感到激动，我期待着和兰多夫、阿巴斯以及北控所有运动员们合作。我相信，我们会做出一些惊人的事情。

感谢我的球迷们，感谢你们耐心的等待。很多朋友告诉我，当我做出再打最后一年的决定时，你们中的大多数人都支持我的决定，都愿意陪我走完最后一季。我想告诉你们的是，我不只是希望你们继续看我打球，而是看到我，依然能做到我曾经做到的那些事情。我和我队友们的努力会让你们愿意购买北控的球票，前来支持我和北控男篮，会让我们成为北京的另一个焦点。

再次感谢北京首钢男篮。他们和我结束了合同，给了我寻找新球队，再战最后一年的自由。感谢把我签到北京的总经理袁超，我永远不会忘记我们签订合同的那个下午；感谢在过去6年里给我尊重、包容的主教练闵鹿蕾，我们一起赢得了三个冠军，我们是出色的搭档；感谢我的兄弟们，我不会忘记我们在一起的那些时光。在我们一起战斗的最后一季，我们有些不幸。我理解球队重建的决心，祝愿你们重新打出出色的战绩。

感谢睢冉，感谢像他一样，在最激烈的竞争中依然彼此尊重的对手们。我看到了睢冉为我发的微博，他是我在中国遇到的最强悍的防守者之一，我们曾经在赛场上针锋相对。但我们都是运动员，我们都知道彼此付出了多少，我们都理解这就是竞技体育的灵魂。我期待再次和睢冉对抗。在比赛哨响之前，我一定会和他拥抱。在我的最后一季里，我期待和每一位运动员的最后一次对抗和拥抱。在我前往的每一个客场，我都想亲吻那里的地板，感谢在那之上发生过的故事。

感谢我的经纪团队。在上赛季结束的那个晚上，我正式告知他们，我一定会再打最后一季。我不想以那样的方式，结束我的职业生涯。我知道这不容易，但他们做到了，而且让我留在了北京。

最后，让我再次感谢北控。感谢球队的3号运动员贺希宁。我向总经理提出了申请，希望我能在职业生涯最后一年仍然身穿3号球衣，而贺希宁愿意把他的3号球衣让给我，完成我的愿望，感谢他的慷慨。感谢球队的管理层把我正式加入球队的发布会时间，定在了 7 月 30 日下午 3 点 33 分。一名毕生都身穿 3 号的老将，感谢这么温暖的安排，我体会到了这其中的尊重。媒体朋友们，我期待着在这个时间和你们见面。

我职业生涯的漫长故事，只剩下了最后一个赛季。而我，想要一个美好的结局。

感谢你们，和我一起，步入这段旅程。

爱就是爱！

我在北控的最后一年是我在 CBA 征战的第九个赛季，我整个赛季下来为北控出战了 36 场比赛，北控的看台上也多了许多京城球迷，他们说："老马你去哪我们就去哪。"最后一年我的状态受到太多身体上的影响，浑身上下不是这里不对就是那里开了小差，跟随我多年的训练师克里斯拿出了看家本领力保我的身体能够坚持，而我也用艰苦的训练和非凡的意志力拿出了水准之上的表现。其实从两三年前，我身上的一些伤病已经开始发作，尤其是膝盖积液，我需要经常性地一针一针往外抽积液，甚至需要每隔几周就打一次封闭。为了对得起北控男篮，为了对得起北京球迷，更为了要对得起我的篮球生涯，我没有任何借口可以松懈。

在我们的努力下，排在联赛尾部的北控男篮连续两个赛季打出了许多精彩的比赛，甚至在同城德比中战胜了首钢队，而球队也获得了争夺季后赛门票的机会。最后很可惜，我们在一个主场比赛中惜败给实力强大的新疆队，倒在了冲刺的最后阶段，但是球队最终名列联赛第 12 名，是加入 CBA 以来的最佳战绩。

我品尝过成功和失败的各种滋味，我体验过不同的过程，我站上过冠军领奖台和职业联赛的巅峰，我也不止一次被迫离开我热爱的团队，说我云淡风轻也好，说我看破世事也罢，在北控的最后一年，我能感受到的就是对篮球运动最原始和最强烈的热爱，我对篮球的需要比以往的任何时候都要更迫切。

在我知道北控无法进入季后赛的时候，我也知道了自己的职业生涯将在何时落幕。2018 年 2 月 11 日，那一年的 CBA 常规赛最后一轮，北控男篮主场迎战江苏肯帝亚，那场比赛，将是来自科尼岛的孩子斯蒂芬·马布里整个职业篮球生涯的最后一场比赛。

当我清楚知道自己会在哪一天哪一个地方以哪种方式结束职业生涯时，我有着极大的满足感和幸福感。我知道自己的身体状态，我知道职业篮球对于这具带给我无数荣耀的身体来说有点负担过重了，我知道这一天早晚都会到来，我从没有拒绝和恐惧过退役这件事，只是想更好地掌握自己的命运和书写自己的故事。我想到了太多我认识或者不认识的人，他们恐怕从来都没有想到过我会在 2018 年 2 月 11 日才最终结束我的职业生涯，甚至我的经纪团队也完全没有想到我能再打出如此有质量的一个赛季。有多少人，有多少次，觉得马布里再也不会有球打了？如果我的意志力再脆弱一点，如果上帝给我的计划再变化一点，我可能早在 9 年之前就结束了篮球生涯。

最后一场比赛如期到来，我努力地把它当作一场再普通不过的比赛，我坚持控制住自己的情绪。但是我知道，你知道，现场所有的球迷知道，世界上所有了解努力和奋斗意义的人们都会知道，在你结束一段职业生涯时，你不可能做到平静。

我泪洒球场。

我说不清自己激动的情绪，因为值得被记录、讲述和回顾的情绪实在太多了。我希望我的启蒙教练能在我身边看着我投中那最后一个三分球，我希望爸爸能看到我打完了生涯的最后一场球，我多希望他们在啊。我希望在我这一路走来所有帮助过我的和爱过我的人们都能在现场，因为我想确保他们能看到他们支持和关怀着的马布里，在球场上依然还是从前那个样子，即便这一次计时器到时之后，我不会再回来。

40 年人生光阴，我的生命里除了爱与家人，就全都是篮球。

人生的最后一场职业篮球比赛，我得到了 20 分、2 个篮板还有 2 次助攻，帮助球队在主场战胜了来访的江苏肯帝亚队。计时器终于走到了结束的一刻，终场的哨声分秒不差响起，全场球迷高呼着我的名字，有这么多人送我走完职业篮球的最后一段路，我不胜感激。

球队还特意在比赛后安排了简短的退役仪式，北控集团的领导和当时球队赞助商的领导来到了现场给我送上了荣誉。全场球迷一浪高过一浪的呼声，以及他们因为送我离开而洒下的泪水，我也都听在耳里和看在眼里。

我来到北控开始最后一季时写过一封信，现在离开北控离开职业赛场，没有什么比亲笔写下自己的感恩之情更好的表达方式了。我在手机上一字一句地打出了我在退役仪式上的发言，我在中国一路走来的好伙伴、好朋友王猛在我身边帮我翻译成中文。这是我作为职业篮球运动员所留下的最后一段发自肺腑的感言。

站在这最后的结尾处，一切看起来都这么美好，新的篇章也让人觉得兴奋，所有的努力都让人心甘情愿，这过山车一般的旅程自然是有起有伏。一路学习、一路成长，成为你自己是最难的，现在我站在终点也就站在了一个新的开始前。

我们只有一次生命，于是我们得不停尝试，从我的经历看，即便失败都非常美妙。失败的痛苦总让我疯狂，也总让我更加渴望，这只会让我更加努力地训练。我的注意力会更加集中，埋藏在心里最深处的失败的苦痛驱使着我不断提升，于是才有了那些我们共同经历的神奇时刻的一一出现。

这一路你们伴随着我，你们见证着我离开一切，告别NBA，在一个被人预测将被我污染的国度里赢下了三个总冠军，你们给我的只有爱。我向你们致意！

然后我们来到了我告别的这一天。

这旅程中我根本不知道自己会遇到如此多给我爱的人，是的，中国，你本身就是爱，你就是我篮球生涯里最光彩的部分，是这段职业生涯的核心。

曾经我无处可去，是你们打开怀抱，给我通道，于是我们血脉相连。是你们给了我新的生命，我很难解释清楚这让人想哭的感觉。让我高兴的是，在告别职业生涯时我能站在北京的土地上，这样我就可以最后一次听到你们给我的欢呼。

在中国，在这座城市终结我的篮球生涯也让我的人生完整。再没有第二个地方能够如此。这就是这旅程应有的结局，和你们在一起，只和你们在一起。

我不想再说更多，因为如果时间足够，我可以用掉一辈子的时间讲述给你们听我有多爱你们。有人说我赢得了盛名，我不敢苟同，是这里的人们创造了所有。这就是我成为传奇的方式，是人们让我成了北京的传奇。如果你想在这座城市里生存下去，如果你想赢得爱与尊重，如果你想成为传奇，你就得拥抱这种精神。

我妈妈跟我说，就待在我感受到爱的中国吧，因为爱比虚情假意的拥抱要有力量得多。我原谅伤害过我的那些人，也乞求那些被我伤害过的人能够原谅我，从今天开始，让我们把那些都抹去，只留下爱。

我想感谢中国，感谢CBA，感谢北控俱乐部、北京农商银行、我的队友、首钢俱乐部、我的前队友，以及这座伟大的城市北京，你们给了我梦想成真的机会。希望你们可以继续支持这支球队。克里斯，你的功勋是不朽的，没有你的陪伴我的身体不可能坚持这么长时间。感谢我的家人们，在过去9年里用他们的方式支持我在中国打篮球。

没有以上的所有，过去的这些都不会发生。当然，我要感谢上帝让我经历我所经历的这一切，除了谢谢，再没有其他了。

爱就是爱！

在现场念完这封最后的信，我脱下球衣，走向我的队友贺希宁。我把手里的球衣交给他，告诉他，我来的时候他把3号给了我，现在我走了，我把3号还给他，他是最棒的球员，他是中国篮球未来的希望，穿着3号，继续我们的辉煌。

我来到全体队友中间，队友们合力把我抛向空中。在被他们往上抛的时候，我的身体不受控制，我的眼睛里充满了泪水和球馆上空强烈的灯光。我喜欢这种感觉，我熟悉这种感觉，30 多年前的科尼岛街球场上，我投进了一场比赛的制胜球，那里的小伙伴们也曾这样把我抛起。

我好想回到小时候，我也好想就永远停在这一刻，我又好想去看看未来的自己在哪里。

投身青少年篮球培训

我不知道其他职业球员在退役之后的状态是怎么样的，我尝试去和一些朋友聊一聊对未来的畅想。22 年的职业生涯，还有前面十几年的艰苦训练，我自从踏上了篮球场就再也没有走下去过，我没有一刻停止过对自己身体的锻炼和对极限的挑战，现在终于进入了一个全新的人生阶段，要做好接下来的人生规划。

我的意识里知道自己一定不会离开篮球，也知道自己还会留在中国开始下一段人生，但至于到底以什么样的方式，我还真的不知道。我当球员这么多年来并没有想过自己退役之后要去当教练，在中国焕发第二春之后更是一颗心都扑在了打球而不是思考退路上。我曾经两次被中国的俱乐部“邀请”担任助理教练，一次是在山西队放弃我时，他们曾因为受到赞助商和当地球迷的压力而希望我能够以助理教练的身份留在球队，另一次就是在首钢队放弃我时，也希望我可以留队担任助理教练。这两次，我都非常坚决地拒绝了。对于一名职业篮球运动员来说，在我还能打球的时候让我当教练，而且是在那样的情况下，那无疑是对我的不尊重，也是对我球员生涯的剥夺。但是现在不同了，现在我退役了，如果我还想从事和篮球有关的事情的话，担任教练自然成了我的选择之一。

但是我同时也意识到，这么多年来我都是为了打球而四处奔波，为了生存而不断向上，现在我是不是应该给自己一个机会好好休息一下，尝试做点不一样的事情。

我开始琢磨自己在商业上能否有什么样的尝试，其实这么多年来我一直都没有放弃继续打造自己的品牌的想法，希望可以让自己在商业上的一些想法继续生根发芽，并通过这些尝试去帮助到更多像我一样的孩子。同时我也希望能用自己打球这些年来的一些积蓄去做一些投资，不管是房地产，还是其他新兴和有趣的领域，只要有机会，我都愿意去学习。打球时，我需要把精力百分之百集中到球场和训练场上，现在退役了，我的精力终于可以被放到更多地方了。那些以前没有时间和精力去学习与尝试的事情，现在我都不用再拒绝。我开始和很多朋友聊起不同形式的商业合作，像一块海绵吸取各种知识和想法。

我前脚刚退役，后脚就再次忙碌了起来，我在中国多年的付出和积累为我赢得了许多和别人探讨合作的机会，而我在这里的生活经历也让我对这里非常了解，让我有激情和冲动在这里继续奋斗。

但退役带来的变化也十分明显，我人生中第一次不需要制订训练计划，也第一次可以肆无忌惮地吃自己想吃的任何食品。我必须承认，这种在短时间内不需要担心现在和未来，不需要操心任何事情和责任的日子，非常放松和美妙，我需要做的就是享受自己 22 年职业生涯换回来的这份安宁和闲适。我的身体需要放一个长长的假期，它太辛苦了，它伤痕累累，多少年来负重前行，它需要的就是什么都不干，安静躺着。更重要的是我的心理需要好好放松一下，竞技体育里的美好和残酷，胜利与失败，肾上腺素一次又一次的飙升，情绪的起起伏伏，二三十年如一日挑战着我的心理，从来没有一刻是放松着的，紧绷和起伏似乎是永恒的状态。我把身心都献给了篮球，现在篮球允许我的身心好好休息，我需要听从它们。

但很快我就发现自己不可能彻底休息下来，没过多长时间，眼睛一闭，浮现在脑海里的还是这些年里篮球场上的那些片段，耳旁仿佛随时可以听见队友的召唤和观众的山呼海啸，手里仿佛随时都抱着一个篮球，面对空气也可以做出投篮的动作，就像小时候那样。我打开手机时，还是会先看微信，因为那里面的消息一定是来自中国的朋友们，我要从他们那里了解中国的事情，我可不希望错过任何消息。

我的孩子们长大了，9 年前我离开美国去往中国时，他们还不能理解我这一走意味着什么，而如今他们已经完全不同，有的已经走上社会，有的已经茁壮成长成小马布里了。我的妈妈更老了，但是她依然非常睿智，她仿佛有一个魔法球，可以帮助她不用离开家就了解世界上的所有事情。她总是愿意听我一遍遍讲着发生在中国的那些事情，和我一起回想这些年来的经历，告诉我要好好珍惜现在的生活，继续专注于自己需要的事物。我的其他家人和朋友们早已经习惯了我的状态，他们知道我只会在夏天回到美国休假，然后就会回到中国，他们说中国才是马布里的家。现在我退役了，等再回去时会在美国多待一阵子，但也只是比过去的时间长一点而已。

他们这么说让我觉得很有趣，因为这简直是一个一百八十度大转弯的态度。我还记得当我在山西打完第一赛季回到美国时，他们都在庆祝我成功完成了在中国的一段探险。当他们听到我第二个赛季还要回去时，眼睛睁得大大的，眼珠子都快要掉到地上了。最夸张的是再后来当他们听说我拒绝了休斯敦火箭队的合同时，他们都在说我疯了，他们说："马布里，你忘了吗？你去中国就是为了拯救你的 NBA 生涯啊，你这是怎么了？"而现在，他们会问我："你这次待多久？什么时候回中国？哎，你怎么还没走？"

其实他们问的没错，我的确是想回到美国好好待一阵子，休息一下，刚好我也回去和美国纽约那边的朋友见面聊一聊一些潜在的房地产项目，但我也不能离开中国。中餐已经成为我的固定食物，和中国朋友的见面也必不可少，在我中国的家里休息也是一种休息，我早已经离不开那里。

我开始和不同的人交谈，开始寻找自己下一步的方向，很快就获得了一些成果。根据我的故事改编并由我亲自出演的电影《我是马布里》经过筹备正式上映，我和新的合作伙伴在区块链技术上进行了探索……这些尝试对我的帮助是巨大的，因为刚刚退役的我就像是刚刚毕业的大学生一样，迫不及待想在这个世界上闯荡一下，看看自己能做到什么。而这些合作的尝试所带给我的经验对我的综合提升非常巨大，让我的视野变得更加广阔，也让我知道了自己的优点和不足。

在经历了一系列的探索和选择后，我决定和一家公司合作，深度打造我的个人品牌，在中国展开我的青少年篮球培训事业。

这是一个非常重大的决定，这个决定主宰了我退役之后一年多的生活。我为之全情付出，也收获巨大，并最终从中体会到自己的真正使命，走上了主教练的职位。

我这些年在中国打球，深深体会到了这里的人们对篮球这项运动的热爱，但我也看到了这里存在的问题。在山西、佛山、首钢和北控，我从来都不仅仅是一名球员，我给自己的要求一直是帮助队友成长。那我现在退役了，又暂时不想踏足职业赛场，最好的选择岂不就是专注于青少年。中国有千百万孩子热爱篮球，想打好篮球，却缺乏机会、资源和好的教练，我一直以来就希望可以贡献自己的力量，为这些孩子做一些事。而我在商业上的计划也从来都没有脱离过下一代，我相信自己有能力和经验去帮助中国的年轻人变得更好，也相信自己会在这样的努力过程中拿到自己应得的收获，让自己的下一段人生和整个家族都更加稳定和幸福。

我和中国篮球界和政界的很多高层人物进行过深入沟通，向他们表达了自己的想法，我希望可以帮助中国的篮球青少年，希望自己可以回报中国对我的知遇之恩。

在合作伙伴的帮助下，我的篮球训练品牌很快就搭建了起来，还和北京一些优秀的中小学进行了深度的合作。在很短的时间里，就有成百上千名孩子参与到了我的训练营中。

我们都听说过很多以球星名义举办的训练营，球星拿一笔钱，在训练营结束之前露一面，接受一下孩子们的顶礼膜拜，签签名，合合影，就闪人了。我理解，这是一种商业模式，存在就有其合理的地方，但是这不是我的选择。从篮球训练角度上讲，光和篮球明星见一面并不会帮助这些孩子有任何提升；从商业运作角度上讲，这既不是一门会长期发展下去的好生意，也不是一门有良心的生意。

我既然选择了要在中国做青少年篮球培训，还把我自己的名字放了上去，那就要真正拿出自己的一切，让这个训练计划真正由我来引领和参与，我绝不能忽悠这些信任我的孩子和他们背后的家长。我知道，这些孩子里，可能就有未来的姚明、王治郅，也可能有未来的马布里。我知道他们小小的脑袋里装着大大的梦想。我知道他们在生活中可能面临着各种各样的选择，甚至各种各样的未知和困难，能站在篮球场上，就是一份希望和一份笃定。我为能拥有帮助中国的孩子寻找他们的梦想和前方的机会而感到荣幸与激动。

每一名参加训练营的中方教练我都会亲自见面并谈话，我甚至从美国叫来了我的兄弟一起参与工作。我只是一名教练，而我每次都要面对着几十个甚至上百个孩子，我需要确保的是教练团队里的每一名中方教练都能明确传达我的精神和技术。每一堂训练课的过程，每一个教案，我都会亲自和团队讨论，甚至是发给孩子们的球衣和篮球，我都要亲自看过，确保质量。不做则已，做就要拼尽全力，这是我从小打篮球所形成的永远不变的原则。我努力，我认真，我专注细节，这样我就会帮助到别人，我的价值和我所应得的那份收获会随之而来。

我做这个青少年训练的项目并不长，在我返回北控男篮大家庭之后就渐渐结束了。但是在一年左右的时间里，我还是帮助到了非常多的孩子，留下了许多难忘的经历和故事，而这些孩子和这些经历也进一步改变和完善着我自己，让我能够成为现在的我。

我的训练营在北京办了很多次，我们还去过天津，去过福建，我甚至亲自带着四十几个孩子去了美国。我的训练营和北大附中进行合作，有好几个孩子通过优异表现和坚持训练成功转学进入了北大附中，并开始为学校篮球队效力，在十几岁的年龄就迎来自己人生的第一个转变。我在那期间也担任了北大附中篮球队的主教练，和我的中方代理教练一起为了孩子们的成长出谋划策、保驾护航。

2018 年 10 月，国际篮球联合会 (FIBA) 在中国陕西省西安市举行了首届世界篮球峰会。时任 FIBA 秘书长帕特里克・鲍曼先生、中国篮协主席姚明先生和 NBA 总裁亚当・肖华先生一同出席了该界峰会，而我也被大会邀请为主讲嘉宾，一同参与这次盛会。在获得邀请时，会议组告诉我，邀请我来演讲并不仅仅是因为我在 CBA 的这 9 个赛季，而是因为我在退役之后依然选择留在中国，并投身于青少年体育训练和活动。

在那次大会上，我的演讲主要关注的是不同范围的地域和冲突类型（种族、战争、帮派暴力等），从而展示通过专注于篮球、体育相关的活动来推动社会问题的愈合和解决。我从自身的经历出发，告诉他们我是从科尼岛那样一个破败和危险的社区中走出来的篮球运动员，通过二三十年如一日的奋斗让自己变得越来越强大，从而获得了去帮助别人以及帮助社会的资源和能力，进而认识到体育可以作为一种教育工具促成个人和社会的发展。

在我的演讲结束以后，FIBA 秘书长鲍曼先生特意私下找到我聊了很久，他说他关注我在中国的表现和故事已经很久了，他知道我在中国成了一名很成功的篮球运动员，但是我现在所做的事情依然大大超乎了他的想象。鲍曼认为我完全功成名就，可以离开中国，回到美国去过自己舒服的日子。鲍曼问我："你在中国过得再滋润，这也毕竟不是你的家啊，你的家人和朋友也不可能都和你一样长期搬到中国来，你真的确定自己就要一直在这里待下去吗？"我向他解释了我的很多想法，也跟他说，中国有更多需要我的地方。我们聊了很长时间，彼此交换了非常多的想法，并且约好一年之后在中国举行的篮球世界杯上再次相逢。届时，他要让我看到一届成功的篮球世界杯，而我则要让他看到我在中国带出来的一支成功的篮球队。

令我万分遗憾的是，在这次FIBA世界篮球峰会结束之后仅仅10天，帕特里克·鲍曼先生就因为突发心脏病离开了人世。我们俩的约定虽然再也没有机会实现了，但每每想到此处，在感叹生命短暂、唏嘘人生的同时，我也更能体会到自己身上的使命感。

那一年我的儿子小马13岁，他也有着关于篮球的梦想。在我打CBA的时候，我们常年不在一起，但是他清楚地明白爸爸在遥远的中国干什么，他也知道自己的任务是什么。我会给他布置训练作业，比如每天要完成多少个动作的练习，要投多少次篮，要进行什么强度的身体素质训练。而小马对篮球的执着并不是三分钟热度，而是有一股长时间坚持下去、不达目的誓不罢休的精气神。他根本就不需要我的催促，总能按时完成我的训练任务。他和我一样，仅仅13岁，就能去打十五六岁的比赛，每天都带着关于篮球的梦想进步成长着。自从我在中国开始投身于青少年培训事业之后，我就告诉他要更加努力地训练，因为现在我的手下不止有他了，还有了更多孩子，我希望他能和中国的孩子一起进步。我甚至告诉他，我会考虑把他接到中国和这里的孩子一起训练。

那个夏天，我兑现承诺把他接到了中国，让他参加了我在天津和北京的两次训练营，让他和中国本地的孩子们一起同吃同住同训练。小马问我："爸爸，我不会中文，怎么和他们交流？"我没有正面回答他的问题，我只告诉他："你去了自己研究吧，我也不会中文，不是一样不耽误事情嘛。"才练了半天，小马就跟我说："爸爸，我很喜欢这些中国的朋友，他们会不少英语，还教我中文，而且我和他们在场上打球很快乐。"我笑了笑，嘱咐他有机会的话还是多学点中文："我来中国的时候已经30多岁了，所以我学不会中文是情有可原的，你要是多学点中文，那你就厉害了。"小马冲着我狠狠地点了点头。

参加这个训练营的孩子们的家长看到马布里不但自己亲力亲为带着孩子们训练，还把自己的儿子从美国带过来一起训练，他们都非常感动。在我们的微信群里，这些家长努力地用英文表达着他们对我的感谢，讲述着他们的孩子在参加了训练营之后发生的变化。

在训练营里，我曾经用了一小时去带着所有孩子练一个动作：原地双手持球下的三威胁姿势。就这一个动作，我让几十个孩子站成数排，跟着我一遍一遍训练。有助理教练不太明白，偷偷找到我跟我说，这样练太枯燥了，孩子们还是喜欢能多打打比赛。我停下来，跟所有孩子们说："孩子们，我知道这种训练很枯燥，一遍一遍停不下来，我知道你们迫不及待上场比赛，你们想投篮，想得分，想在比赛场上找到打篮球的快乐和意义。但是我必须要告诉你们的是，你们要好好想一想自己到底去哪里，好好想一想你们在篮球上的目标和梦想是什么。如果你告诉我，你就是想学点篮球技能，然后自己打着玩，没问题，你现在可以退出训练去旁边的场地上自己玩。但如果你告诉我，你的梦想是成为一名篮球运动员，或者你的梦想是通过打篮球上一所好的大学，又或者你的梦想是成为我这样的篮球巨星，那我告诉你，现在我带着你们做的这个训练就是成功路上的第一步。我小的时候，我的教练每天带着我，就练三威胁这一个动作，每天一小时，什么都不能干，直到把这个练好了才能练其他动作。而我的一些小伙伴，他们只随便比画几下，练几分钟就迫不及待要去练别的了。而结果是什么？结果就是我现在站在这里当你们的教练，结果就是我在过去 22 年里成为篮球巨星，而那些不愿意好好训练基本功的人，压根就没有机会踏上更高一级别的篮球场。”

在每一期的训练营结束后，我都会带孩子们去聚一次餐。在聚餐中我们会准备一个大蛋糕来庆祝他们这一段时间的艰苦训练，然后孩子们会把我的头按进蛋糕里，这仿佛已经成了中国篮球界一个保留节目了。我和孩子们在不长的时间里培养出了深厚的感情，我觉得自己的选择简直太对了，中国的孩子对篮球如此渴望和坚持，而他们拥有的资源和机会却相对很少。职业赛场上少了一个马布里，篮球少年的成长过程中则多了一个马布里。在一次聚会中，我向孩子们宣布，明年的夏天，我要带他们去美国，去我的家乡，看看我长大的地方，在我打过球的地方练球。孩子们半信半疑看着我，我知道对于十几岁甚至不到十岁的他们来说，美国之遥远和陌生就像当年中国之于我一样，他们很难拼凑起任何有关美国的细节，也很难相信自己真的会有这样的机会，哪怕只是去走走看看，他们的人生视野就有可能被拓宽，人生发展就有可能被改变。

一年之后的2019年夏天，我已经成了北控男篮的主教练，但是我没有忘记我的诺言，依然抽出时间，带着我的这批孩子们去了美国。除了日常跟我训练的孩子之外，还有公益项目选送的来自陕西、湖北、浙江的贫困地区的四名孩子加入了我们。就像我说的，哪怕只是带他们走走看看，也可能会改变他们的人生。

我比孩子们提前两天回到美国，就为了可以等到他们降落时亲自在纽约机场欢迎他们。我特意带着他们的老朋友，小马，一起去纽约的纽瓦克机场迎接他们。

我选择让孩子们住在布鲁克林，那里和曼哈顿一桥之隔。小时候的我会坐着地铁从科尼岛到布鲁克林桥下的球场打球，望着河对岸的曼哈顿，想象着自己有朝一日打入NBA，并且加入身处曼哈顿中心的纽约尼克斯队。我告诉孩子们，梦总是很美好，但实现的过程总是很曲折甚至很艰难，可一定要相信，有梦又有实现的决心和行动，那梦就一定会实现。这里，布鲁克林，就是我曾经做梦的地方。

布鲁克林区长埃里克·亚当斯先生听说我带着中国的孩子们到了这里，特意联系到我的团队，希望能和我们见面。我带着孩子们去了布鲁克林区政厅，亚当斯区长对孩子们表示了热烈欢迎，也希望布鲁克林可以通过我们的这次来访，帮助两国的青少年在篮球上有更深刻的交流和互动。我告诉亚当斯区长，一个马布里可以成为中美篮球文化交流的桥梁，而如果两个国家都能有很多的小马布里出现，那连接这两个国家的就不再是一座桥梁，而是一条宽敞的大道了。

我为孩子们在美国安排了很多活动，带他们去了布鲁克林篮网队的训练馆。孩子们是第一次走进真正的 NBA 训练馆，被里面先进的训练场所和条件惊呆了。我带他们到纽约几个著名的街球圣地转了转，其中包括洛克公园和我的家乡科尼岛的野球场。就在我从小长大的那片球场上，我带着孩子们投了很久的篮。由于那个时候是 NBA 的休赛期，没有篮球比赛，所以我带他们观看了一场 MLB（美国职业棒球大联盟）职业棒球比赛，带他们去了 NBA 总部的信号制作中心，去了我的母校林肯高中，去了当地的游乐场游玩……当然，这些都是辅菜，真正的主菜还是篮球训练，我带他们来美国是为了让他们能在这里体验原汁原味的美式训练，并且获得和美国当地同龄人的交流和切磋机会。

我们的训练安排在我的母校林肯高中，孩子们顾不上时差和旅途的劳顿，开始积极训练和备战。我告诉他们："从明天开始，你们的游玩和参观就结束了，你们将真正参与到训练和比赛中，美国同龄孩子的身体和对抗都比你们强多了，但我希望你们不要害怕，也不要胆怯，你们要勇于和他们对抗。在接下来的几天中，你们将真正有机会接触到美式篮球，输赢没那么重要，重要的是去感受比赛和训练带给你们的快乐以及成长。"

从小帮着爸爸妈妈一起带我长大的姐姐对我说："斯蒂芬，看着这些孩子在这里打球，我想起了小时候的你，不过那时候我想过你会长大，会变成篮球运动员，我却没有想到你能有朝一日成为今天的你，并且带着这么多孩子回到了这里。"

有趣的是，当我带着孩子在布鲁克林一处街球场打球的时候，有几个当地人认出了我。他们冲着我大骂，说我是被 NBA 抛弃的球员，说我怎么还有脸回到这里。和我同行的同事忍不住要上去还嘴，我阻止了，也没有理会这些人，他们骂了两句也就自己走了。

这么多年了，总有这些“黑子”围绕着我，人性中的卑鄙和恶毒总也不会消逝。如果说我那么多年拼命打球的一部分原因是证明给这些人看，证明他们是错的，那退役后投身青少年篮球培训事业的我则真真正正迈过了这个门槛儿，我压根就不再在乎这些人和这些事了。而我所做的，恰恰是要从源头上解决这些问题，让更多的孩子在爱和希望中成长，在篮球运动中寻找积极的力量。我到今天也不确定自己能在这个领域做到多么成功，因为一个人的力量总是渺小的，但我很确定，这是一件无比正确的事情。

人生重大抉择，执教北控男篮

在2018年的NBA中国赛深圳赛上，我和NBA的许多朋友相聚了。那时候我退役大半年了，青训事业做得正红火。刚好我和一个品牌有一个商业合作，他们想趁着NBA中国赛在深圳举行之际，在深圳给我办一个私人退役酒会。我把妈妈、表弟、女儿都接到了中国，他们一起来到深圳参加退役酒会。这次来中国的NBA球队是达拉斯小牛队和费城76人队，有不少新老朋友来到中国。因为我在2016年NBA中国赛上已经和NBA的关系成功破冰，并且和联盟高层建立了全新的联系，所以这次也不例外，很多人都应邀来到了我的退役酒会。

退役酒会在深圳朗廷酒店的露天花园举行，我牵着妈妈的手走到了舞台中央，一大家子人都站在我的身边。当天到场的全部是受到邀请的嘉宾，都是我在中国的朋友、合作伙伴、NBA联盟人士和相关的贵宾。费城76人队的年轻巨星本·西蒙斯的父母听说了这个酒会，特意来到了现场，他们和我的妈妈聊了很久，分享着彼此教育孩子的经验；很多已经退役的 NBA 名宿也来了，卡隆·巴特勒、萨姆·帕金斯、昌西·比卢普斯还有迪肯贝·穆托姆博；而最让我惊喜的来宾，也是我之所以要提到这个退役酒会的原因，是达拉斯小牛队的功勋级 NBA 主教练里克·卡莱尔。

卡莱尔的名字，只要是球迷，不管中国球迷还是美国球迷都应该如雷贯耳。他 1989 年球员生涯结束后加入篮网队成为助教，后来辗转底特律活塞队和印第安纳步行者队，最后于 2008 年加入达拉斯小牛队并一直在那里执教至今。卡莱尔教练带领达拉斯在不被看好的情况下，战胜了当时的超级强队迈阿密热火，拿下了 2010—2011 赛季的 NBA 总冠军。我和卡莱尔并没有什么交集，到我离开 NBA 时，我们顶多也就算是点头之交，从未有机会来往。但是他后来显然变成了联盟中顶尖的教练之一，他带队夺取冠军只是一方面，我最为欣赏他的一点是，他能十几年如一日和球队老板、球队上上下下的工作人员以及球员保持非常良性的关系。

在 NBA 里，除了屈指可数的那几个名帅以外，大部分主教练其实过得都不容易，他们一方面要面对着一大堆比他们年轻一两轮甚至更多的球员，一方面又要处理着和自己老板的关系。管不住球员是教练的错，把球员管太严了，球员不高兴了，还是教练的错。很多教练为了保住自己的工作和地位，都会使出很多令人不齿的手段在场下兴风作浪、排除异己。在这一点上，尼克斯时期的我深受其害。

而达拉斯的卡莱尔显然并非这样的教练。卡莱尔的人缘永远都那么好，不管是传奇球星德克·诺维茨基、贾森·基德，还是这些年数不清的在达拉斯打过球的年轻球员，你几乎听不到任何一个人抱怨过卡莱尔。

而不管达拉斯的成绩是好是坏，你也鲜少看到媒体批评他，老板怀疑他。你放眼整个职业篮球世界，有多少个教练能拥有这样的工作环境？有多少个教练能获得这样的声誉和工作状态？诺维茨基宁愿减薪都愿意和卡莱尔一起效忠达拉斯，这是什么样的情怀和纽带将他们紧紧拴在一起？我后来虽然离开了 NBA，但是我一直有关注和卡莱尔相关的一切，不夸张地讲，我与他神交已久，他是我非常尊敬的教练。

这次他带领达拉斯小牛队来中国参加比赛，在深圳停留时也收到了我的邀请，欣然前来参加我的退役酒会。此时，他的身份除了达拉斯小牛队主教练以外，还是 NBA 教练员工会的主席。我见到他后立刻感谢了他的到来，并和他攀谈起来，开始的对话都是一些常规的客套和寒暄，但是他突然主动挑起了一个认真的话题，他说："斯蒂芬，我非常敬佩你现在所做的事情，没有多少你这个级别的球员愿意沉下心来亲自做青训。但是我必须告诉你我的一个真实想法，我觉得你可以试试回 NBA 当教练，如果有主教练的机会就当主教练，如果没有，你也可以当助理教练，我觉得你不来 NBA 当教练简直是太可惜了。"

我听完后并没有在意，带着开玩笑的口吻说："好啊，那我就来达拉斯怎么样？你给我留个助教位置，我跟着你。"

话说到此，往往就是两个人哈哈大笑，然后转换到下一个话题。

但是卡莱尔突然变得严肃，他说："斯蒂芬，我没开玩笑，我是认真的，我可不会随便见到一个退役球员就劝他当教练，但你不同。我和所有人一样，在媒体上读到很多你的故事，在咱们这个圈子里也能听到很多传言，虽然你确实没有处理好和一些教练的关系，但是我知道你绝对不是刺头。

从某种程度上讲，那些事情反过来理解也没问题，是一些教练不知道怎么用好你。你职业生涯后半段的这些经历，更加能证明我的想法，越是你这样的人，其实心里越渴望合作，越渴望帮助别人，你可能自己都没意识到自己的能力。当你愿意站出来承担一支球队的绝对领导角色时，你能带给这支球队的东西太多了，而你经历过的那些不愉快的经历将被你提前规避，让你和球队有机会融为一体。以我执教这么久的经验来看，我觉得你应该大胆试一试，回 NBA 来找一份教练的工作。现在这个时代的年轻球员很不一样，而且联盟里的国际球员比例大大增加，你的阅历和能力，你在海外的这段经历，都是 NBA 教练急需具备的素质。”

后来我又和卡莱尔攀谈了很久，没有再过多聊到教练这个话题，但这已经足够了。卡莱尔说的没错，人在很多时候都不能真的意识到自己的能力。的确，很多时候一个人会高估自己，但其实更多时候，一个人容易不够自信，容易自己给自己设限。这是我第一次和卡莱尔好好聊天，但这次沟通在当时那个时间点上对我的影响很大。

那天晚上，我也有机会和其他前来的 NBA 高管和传奇巨星重聚，在聊到退役后的生活时，他们对我选择继续留在中国的决定都感到很吃惊，他们都以为我已经在中国拥有了 9 年之久的出色的职业生涯，是时候回美国享受生活了。而且他们很确定，自从 2016 年 ESPN 给我做的那部采访短片之后，我全新人生的这段故事早已经传遍全美，我对篮球国际化所做出的贡献已经获得了业界内外的一致认可，我现在选择回美国的话，应该会轻松地在 NBA 或者 NCAA 找到一份适合我的工作。他们这样想很正常，他们怎么也想不通我为什么还“赖”在中国不走了，因为他们终究还是认为中国只是我工作的一个地方，工作再出色，也有下班回家的那一天。我花了好一阵工夫跟他们解释，我已经在家了，中国就是我的家。我知道我并没有说服那天晚上的每一个人，但我也真的并不在乎别人的想法。

到了2019年初，我退役一年左右时，我职业生涯中效力的最后一支球队北控男篮主动联系到了我。当时他们的成绩不太理想，集团和球队的很多想法和计划没有得到很好的实现，所以他们想到了我，希望我能够出任主教练。在我职业生涯的最后一年，我和北控的合作非常顺利，双方都给彼此留下了良好的印象。对我而言，我永远感激北控男篮给了我机会，让我留在北京圆满结束我的职业生涯。不光是北控这支球队，我对它背后的北控集团也充满感恩和认同，我认同他们对北京这座城市负有的责任感，以及持续且有规划的投资和付出，如果不是我的身体到了极限，我很愿意在北控男篮多效力几年。对北控而言，他们看到了我是怎样一个重情重义的人，也看到了我是怎样一名无私的篮球运动员，他们对球队在北京的发展有着长远的规划，而我明显是那个愿意也有能力和他们一起把想法变成现实的人。北控男篮对运动员、教练和球队工作人员的尊重，是我所经历过的所有球队中做得最好的。我相信，如果我们换一种方式合作，依然会很美好。

只是我不确定，这是不是一个好的时机……经过慎重的思考，我婉拒了北控男篮的这次邀请。

有几个方面的因素让我选择婉拒北控。

最重要的原因在于那时候我的青少年篮球培训事业起步还不足一年，

刚刚经过了一个夏天和一个秋天，一大批孩子们才加入球队不久，我给这些孩子还有他们的家长的承诺是我会亲自带着他们训练。现在一个学年都还没过去，如果我在这个时候离他们而去，显然是不负责任的做法。另一方面，则是我自己也确实没有完全做好当主教练的准备。退役之后我的心并没有往主教练这方面去想，我一直忙碌于青训事业和商业。我确定自己可以成为一个很好的教练，但是这需要时间来准备，也需要正确的时机。当时 CBA 赛季过了一半，我对球队的情况并不了解，也没有任何时间去选择自己的教练团队，在一片匆忙中出任一个需要周密筹备才能胜任的工作，我觉得多少还是不够稳妥。

但是有了这么一个事情之后，我开始认真思考自己是否要成为一名职业球队的主教练。

我在自己的篮球生涯中遇到过很多教练。我在科尼岛的启蒙教练和在林肯高中的球队教练都是我能成为职业运动员的原因所在，他们在我生命中的角色更像是我的另一个父亲，他们不但教我打球还帮我成长。我的大学教练也是我非常尊敬的一位长辈，他带领着我走完了从业余球员到职业球员的最后一段路，在技术和心态上对我有一些点睛之笔，让我受益匪浅。

在我的职业生涯中，我和教练的相处慢慢变成了噩梦。特别是在纽约尼克斯，连续三位教练都和我合不来，这也成了人们后来诟病我的主要依据。对此我只能说，事情并不都是人们听到和看到的那样子，而我从他们身上也学到的反面案例带给我的经验，让我知道，如果有朝一日自己成了教练，要避免犯同样的错误。

我职业生涯中的第一位教练，明尼苏达森林狼队的功勋教练菲利普·桑德斯，是我非常尊敬也非常怀念的一位教练，是一位从各方面看都非常伟大的教练。桑德斯教练已经于2015年罹患癌症不幸去世，这让我至今都非常痛心。我从他身上学到的东西让我受用于整个职业生涯，他不光教我如何在职业赛场上立足，还培养我的领导力和大局观。桑德斯教练对我的信任和大胆使用让我成功融入了NBA的赛场，没有桑德斯教练就没有NBA时期的马布里。

首钢队的闵鹿蕾指导则是第二位让我万分尊敬，并且打心眼里感激的教练。闵指导跨越语言和文化的障碍，与我内心相通，把我当作真正的自己人看待。他是我职业生涯中跟随时间最长的主教练，对我产生的影响是全方位的，我难以用语言来形容他帮助了我多少。在我成为北控主教练之后，很多媒体朋友们注意到，我会刻意去学习闵指导的一些小习惯，比如在比赛时摆6瓶矿泉水在椅子脚等等。其实这只是非常表面和浅显的一件事，我从闵指导身上真正学会了怎样去当一名球队的领袖。

闵鹿蕾面对的情况是极为复杂的，球队每年的人员流动，国内球员和外籍球员的管理，球队和集团之间的关系处理，各个方面对球队的要求和期待，最后才是场下该如何训练，场上该如何比赛。闵鹿蕾指导从每个方面都为我树立了榜样。更加令我受益的是，在整个过程中，闵指导一直将我融入其中，一直把我当作最信任的人，无论是某项训练该如何进行，还是我们该如何准备某场比赛和研究某个对手，又或者是球队在引援和人员搭配上有什么想法和顾虑，他都会主动邀请我来给出意见，并且真诚和我探讨。首钢队在那些年能拥有闵指导这样一个如此知人善用又兼容并包的主教练，实在是一大幸事。

如果我来做职业球队的教练，我首先要确保的一件事情就是我能够对得起每一位与我合作过的好教练，因为我从他们身上汲取了无穷无尽的财富。我必须要确保自己百分之百的准备好和百分之百的投入，才有可能成为一位最好的教练。

是的，不当教练就罢了，如果决定要当，我就要当一名最好的教练。教练员和运动员在场上场下承担的责任完全不同，但对篮球的热爱和理解是相通的。虽然一名优秀的运动员并不一定能成为优秀的教练，而一名优秀的教练甚至可能仅仅是比赛录像剪辑师出身，但是我相信像我这样征战球场 20 余载的球员，如果决心来当教练，那多年的积累一定可以找到用武之地。

我曾经在媒体采访中表达过希望自己有朝一日可以进入中国国字号球队的教练组，因为我相信我如果做教练一定是最优秀的教练之一，而我最想去服务、最想去付出的对象就是中国的球队。可是经过我在中国这些年的生活和工作，我觉得自己也许不应该当一名主教练，因为毕竟语言不通。我知道无论是 CBA 球队还是中国国家队都有过聘用外籍主教练员的历史，但我个人觉得在俱乐部层面还好说，在国家队层面，外籍主教练有太多能力受限的地方。国家队，不管是成年队还是青年队，都是中国五湖四海选拔出来的精英，他们的文化、习惯、背景和成长经历都迥然不同，想把他们凝聚在一起，需要对这些事情有着非常好的理解。我觉得单纯依靠翻译，是很难从主教练的层面去和每一名球员建立这样的互动和沟通的，所以经过思考，我悄然在心里给自己定了一个目标，我决定要在中国当教练，但是我希望可以当一名助理教练，辅佐一名中国主教练，做好我能做好的那一部分工作。而因为我在这整个过程中一直投身于自己的青少年培训事业，所以我也自然而然想到是不是有机会去帮助中国国少队或者国青队。

这个想法后来并没有实现，但这就是我婉拒了北控男篮的邀请之后所经过的思考历程。虽然我婉拒了第一次机会，但是正式转型当教练的想法在我心中开始生根发芽。所以我还是要感谢北控，如果没有他们对我的看好和大胆决策，我可能都不会那么快就想到要去尝试当教练。很多时候我们做决定、做事情需要的只是一个契机，我们多年工作和努力所积累下来的经验，等待的就是一个伯乐的赏识或者启发。一旦动了心思，开了窍，很多后面的事情其实就是水到渠成了。

在这期间，我还遇到了一些其他机会。比如 NBA 总裁亚当・肖华和副总裁马克・塔图姆就曾经和我认真交流过，让我更深度参与到 NBA 在中国的发展的可能性。那个时候，NBA 在中国的发展几乎达到历史最佳状态，有待下一步发展的可能性和空间都十分巨大。

NBA 中国当时新委任的总裁张墀驹到任不久就和我见了面，我们在一起交流过很多次。张墀驹的父母来自北京，但是他在美国长大，现在回到中国开发业务。我跟他分享了许多融入中国社会的建议，以及我对 NBA 继续在中国发展下去的想法。张墀驹不太习惯中国的酒文化，我们在聚餐时他喝了一两杯之后就不喝了。我告诉他：“多数中国人都会尊重外国人的习惯，不会要求外国人和他们一样，所以你这样做完全没问题，但你也要意识到，这样做了，他们就很难把你当自己人了。”我说完之后，张墀驹一咬牙，真的跟我喝上了，于是两个在中国为了篮球事业努力的美国人你一杯我一杯喝了两小时。

张墀驹对我在中国的经历和给他的建议都很感兴趣，他非常谦虚和好学，对NBA的事业有着强烈的责任心和进取心。他直接汇报给联盟总裁肖华和副总裁塔图姆，就把我给他的一些建议反馈到了他们那里。我和肖华本来就通过2016年NBA中国赛建立了联系，后来我夏天回纽约时还去NBA联盟总部办公室拜访过。肖华看到我和张墀驹也建立了信任的关系，便产生过一些想法，想让我深度参与到NBA中国的一些推广活动中去，我们甚至讨论过让我去NBA中国任职的可能性。当然，最后这些讨论仅仅停留在了讨论层面上。不过我的很多具体的建议都被他们吸纳和采取，他们也开始更大力度地在中国进行青少年培训和民众赛事这一方面的工作。

2018—2019年CBA赛季结束之后，北控男篮的战绩非常不理想，我在北控效力时的主教练丁伟早在赛季初期就下课。代理教练带队结束赛季后，北控男篮再一次找到了我和我的团队，邀请我出任主教练。

这一次邀请和上次有两个不同，首先是这一次留给我了完全充裕的准备和启动时间，新赛季要到11月才开始，我有半年的时间来完成球队重建和赛季准备的工作。第二个不同则出现在我们双方的沟通中，北控对我说："上次邀请你出任主教练是我们"想要"你来，而这次不同，现在的北控男篮"需要"你来，我们需要你来当这个主教练。"

我依然记得9年前刚来中国时妈妈对我说的话，人生中有很多想要的东西，但我真正应该在乎和专注的是那些我们需要的东西。

说句心里话，我一直觉得自己对北控是有所亏欠的。北控这支球队给了我职业生涯最后一年打球的机会，又在我退役后成为第一支邀请我出任主教练的球队，他们对我的这份信任是无与伦比的。他们没有在我的巅峰时慕名而来，也没有在我职业生涯末期离我而去，他们对我的支持和信任完全建立在相互尊重和长远愿景的基础之上，让我觉得既感动又踏实。感动我体会过，踏实的感觉则体会不多。我总是在不同的地方之间奔波，总是在努力留在一个让自己感到有希望和未来的地方，总是想为了一座城市一支球队付出我的所有。

我想，也许现在轮到我来回报北控男篮了。于是我做出了人生中最重大的一个抉择，我选择回到北控男篮，正式开始自己的职业教练生涯。

经过我的团队和北控集团的协商，最终我和北控男篮敲定了一份三年的主教练合约。

这让我再次感恩上帝，感恩这生活中的一切。篮球给了我一切，中国给了我一切，现在能让我继续用新的方式回报中国和篮球，我简直太兴奋了。当教练不是一件简单的事，教练工作的挑战远远超过人们的想象，但是现在的我很确定自己愿意来承担这份挑战。我不是在一夜之间做出的决定，我也不是为了在退役之后有事可做或者有钱可赚而做的决定，我是在退役之后经过深思熟虑，以及在不同事业上的不断尝试之后，在机会来临时决定抓住它。

世界上没有不透风的墙，很多人听到了我要去北控男篮当主教练的“传言”。但我一直予以否认，因为我还有不少事情要处理，我想在自己再次走进媒体和公众的聚光灯之前拥有一段平静的时间，我要确保我的青训营里的孩子们都能得到很好的安排，我要确保他们的未来可以按照我们说好的方向继续走下去。

很快，在 2019 年 6 月 28 日，北控为我举办了新任主帅的新闻发布会和亮相仪式。告别职业赛场一年半不到，我又回来了。

和我相熟的媒体朋友告诉我，舆论上对我回归北控当主教练的反应非常热烈和良好，大家都说北京这座城市又迎来了属于它的篮球英雄，大家还说这是 CBA 联赛的美好故事。我想说，北京这座城市是我生命中的英雄，能回到 CBA 联赛的大家庭中也是我人生中的最美好的故事。爱就是爱，爱永远是相互的。

新闻发布会之后，媒体和我一起移步到了北控队的训练馆。那里有当时在队里的队员们，我对他们说："我非常高兴可以出任北控男篮的主教练，我的合同签了三年，但是我对这三年我们要取得什么样的具体成绩并没有设置明确的期待，我在篮球场上是一个完美主义者，所以我会通过不断的训练去追求完美。但是后来我学到，训练并不会让我变得完美，训练只会让我形成永恒的习惯，训练只会让我永远都保持在稳定且向上的状态上，而形成习惯、保持向上才是成功的关键。我要以总冠军级别的训练、总冠军级别的思想和总冠军级别的技战术打造全新的北控男篮。我要尽我最大的努力，改变整支球队的文化，让北控男篮可以真正引领整个北京城的篮球文化。你们有的人是我之前在队里打球时的队友，有的是我之前在 CBA 时的对手，今后我对你们一定会非常严格，比你们所经历过的一切训练都要更严格。我会结合我在 CBA 和 NBA 的双重经历来为你们制订训练计划，而你们也一定要在训练场上付出你们的全部。我对你们的要求只有一个，就是每天训练都把所有的东西留在场上，这是一个学习的过程，我们需要一起度过，在这个场地上会给你们不同的人留下不同的挑战，而终极目标是什么，你们则需要好好思考。现在你们站在这里我很开心，但这并不重要，重要的是在新赛季开始的时候，你们中还有谁站在这里。”

第五章　主教练马布里

新官上任，招兵买马

我正式上任北控男篮以后，做的第一项工作就是再重新仔细深入地学习和了解北控集团和球队的文化。我始终认为，一个集体的文化最为重要，如果没有积极的文化，或者如果集体中的个体不愿意去学习了解这种文化，那这个集体绝对没有成功的可能。这其实也是我对中国文化最认同、最着迷的一点，我喜欢中国文化中对团队和集体的高度集中性和认同感。篮球本来就是一项团队运动，学习集体、塑造集体是获得成功的重中之重。

北控集团对球队的管理层也做了调整，我和新任总经理宗锋很快就建立起了非常良好的关系。宗锋从背景上看并不是专业的篮球人，按理说管理球队并不是他的专业领域，但让我意外的是，在我和他的交谈中，我发现他绝对是管理球队的一把好手。他有着丰富的企业管理和项目管理的经验，是北控集团多年工作下来值得信任的高管。他对体育的热情、专业和负责帮助他迅速融入篮球事业，并提出了很多对球队发展而言切实可行的措施。我们俩的交流非常愉快，很快就在各个方面达成了许多一致，即使有不同的看法，也能够做到互相摆事实和想法，然后再一起研究并做出最好的决定。

北控集团给球队制订了非常完美的发展规划，集团希望在未来的三年时间里，我们能把北控球队打造成体系完备、专业高效并且能够引领北京篮球文化的现代化顶级篮球俱乐部。同时集团希望球队上上下下都能拥有共同的长远目标，那就是把北控男篮打造成享有国际声誉、拥有独特气质的篮球文化图腾。这些目标看起来很大，但其实很具体，对于每一项目标，我和球队管理层都做了仔细的分析，并且制订了相应的计划。我可以负责任地说，这些目标完全不是空话和大话，我和北控男篮会一起脚踏实地向着目标坚定前进。

我才开始自己的第一份主教练工作，就能遇到这么好的球队管理层，实在是我的幸运。我没当过教练，但我见过太多教练都因为处理不好和管理层之间的关系，或者因为太过于受制于管理层，而没能发挥出自己的真正能力帮助球队成功。北控集团对管理层的甄选和任用为球队的成功奠定了基石。

集团和球队对球队战绩是有相对明确的期待的，他们提出的规划是利用三年的时间实现打进 CBA 季后赛、进入前八名和进入四强的球队成绩三大跨越。对于这个目标，我表示十分尊重，但是我也说了，我自己不会给自己带队设立明确的期待，因为在我的心里，我真正期待的只有总冠军。但总冠军不可能一蹴而就，甚至可能永远都追而不得，所以我信奉的就是按照总冠军的标准去要求自己，然后用努力去兑现一切，让一切变得水到渠成。

当然，具体的工作目标我们也是要制订的，我非常赞同球队针对教练员团队提出的强化管理和建立考核的想法。CBA 球队和 NBA 球队在教练员管理机制上存在着非常大的不同，但 CBA 球队不可以盲目学习 NBA 的模式，不同的体制也决定了这种照搬的不可行。但是北控男篮针对教练员团队建立了非常细致的 KPI（关键绩效指标）考核体系，对教练员团队具体工作进行了科学和专业细分及管理。我和管理层一起完成了考核体系的制订，我们坚信篮球运动是有规律可循的，要根据这项运动的发展规律来建立科学的训练与比赛体系，这样才能逐步打造出实力过硬的 CBA 常胜军。

CBA 中的球队不管是国企背景的，还是民企背景的，都会出现企业管理制度和球队管理制度的不同甚至是冲突。CBA 职业化的进程一直在推进，但从来也没有达到真正的成熟。北控集团经过几年的摸索，下定决心要让北控男篮建立起像集团公司一样的企业组织架构和管理模式，从人才选拔到公司制度体系的建立，从工作的标准化流程到 KPI 考核体系，北控男篮都走上了一条合规化、职业化、高效化的发展道路。

虽然我的任务是带领北控男篮的成年队在 CBA 联赛拼杀，但是我也非常关心北控男篮的梯队培养计划，北控也希望我能尽自己所能积极给他们在这一方面提供建议和帮助。在中国，一支职业球队的底蕴和长期的成功一定来自其青训体系的建立，尤其是我在中国亲自参与了青训事业之后，对这一点更加深信不疑。北控决心规范各级梯队建设，并同样建立起严格的考核体系，为一队输送人才，同时我在一队也会积极给年轻队员各种各样的机会来获得经验，甚至崭露头角。北控集团还和国际篮联 FIBA 进行合作，在中国进行青训和教练员的培训。这一系列动作都让我对球队的未来充满信心。

北控集团和北控男篮球队管理层用人不疑，他们给予了我极大的信任以及工作空间。他们在和我沟通之后，不但将教练员团队的搭建完全交给我来做决策，还将球队内外援的引进也放手交给我。这种充足的信任非常有利于我工作的展开，但同时我也没有任何理由和借口，我一定要让球队焕发全新的面貌。

从我来中国第一天就开始和我一起经历风风雨雨的杨晨也随着我来到了北控男篮。他已经不是当年的翻译了，而是我最坚实的合作伙伴之一，同时也是中国篮球界一位优秀且经验丰富的管理人才。他随着我来到北控男篮担任领队，作为我的左膀右臂来帮助我管理和带领球队。

北控男篮毫无疑问需要在教练员团队和球员两个层面上进行一场彻底的重建。我需要马上开始招兵买马，既要保证质量，因为好的人员搭配是一切的基础，同时还要尽量快速完成，因为越早建构好团队就能有越多的时间来进行磨合和训练，没有充足的时间和试错的机会，没有团队可以成功。

我首先要搭建的就是教练员团队，需要选择助教和训练师，需要一个和我互相信任并且能力互补的团队，于是我第一时间拨通了一个美国人的电话，他叫亨弗里斯，还有个中文名字叫龙汉杰。

在电话里，我对亨弗里斯说："我要到北控男篮当主教练了。"

亨弗里斯说："告诉我需要几号到北京。"

没有一句多余的话，没有任何问题，没有任何犹豫和讨价还价，我用了十秒钟和一通越洋电话的电话费就搞定了我的首席助教。

这背后其实是有一段故事的。

亨弗里斯，又或者叫龙汉杰，2010 年到 2012 年时曾经在佛山龙狮队担任主教练，是我在 2010—2011 赛季效力佛山时的主教练。我还记得我第一次参加佛山队训练时的情景，当时我走进训练馆，看见一个美国教练，可把我高兴坏了，才来中国的我立刻就把亨弗里斯当成了自己的老大哥，无时无刻不和他泡在一起。在佛山的那一个赛季，我和亨弗里斯关系非常紧密，球场和训练场上我们通力合作解决难题，而球场下我们则是最好的朋友，一起在小城佛山度过了难忘的一个赛季，彼此扶持，互相信任。

亨弗里斯是一名绝对的 NBA 老兵，在 NBA 效力长达 11 个赛季。他和篮球之神迈克尔·乔丹在 1984 年同年进入 NBA，乔丹是那一年的选秀首轮第 3 顺位，而亨弗里斯则是当年首轮第 13 顺位。他被菲尼克斯太阳队选走，1988 年被换到了密尔沃基雄鹿队，后来他又去了犹他爵士队，最后他于 1995 年在波士顿凯尔特人退役。我觉得我俩特别有缘，他职业生涯效力的四支球队中的三支，我也都经历过，我是被雄鹿选中然后换到森林狼，我也给太阳队打过球，也是在凯尔特人结束 NBA 生涯，是命运让我们在佛山相遇。

亨弗里斯在 1998 年就来到了中国，当时加入了一支美国传奇退役球星队来中国和中国男篮打表演赛。在那次旅程中他和中国结缘，并于三年后在中国开始了自己的教练生涯，然后他又去韩国当了五年主教练，再然后他就开始了在美国和中国之间的不断交替。除了在佛山任教之外，他还在 NBA 金州勇士队下属的发展联盟（G–league）球队雷诺大角羊队当过主教练，在孟菲斯灰熊队还有布鲁克林篮网队担任过助理教练。

亨弗里斯的最大优点就是他对战术的精通，他在 CBA 和 NBA 两边的教练界中都被公认为战术大师。他的脑子就像一台战术计算机，不但储存着成千上万不同的战术，而且可以在分毫之间根据实际情况对场上应该做出的战术变化做出分析和判断。他对战术有着近乎偏执的态度和追求，我从来没有见过任何一名教练在战术方面拥有比他更高的造诣，包括那些 NBA 的名帅。

亨弗里斯的局限在于他过于钻研战术，追求战术的完美性，但是在执行战术时，球员们的实际水平、理解力和执行力总是参差不齐的，有时候达不到他的要求时，会让他感到非常郁闷。这种情况在美国不会出现，但是在中国，有语言和文化的隔阂，当队员一直做不到他在战术上的要求时，他和队员之间的关系可能会出现问题，这也是我在佛山效力的那一年中出现过的实际问题。但是在佛山队时，我充当了他和其他球员之间的桥梁，他负责制订战术，我负责帮他去和其他球员沟通，并在场上带着队友一起尽量去执行。我们俩在佛山就建立起了这种工作模式和关系。

我离开佛山时，我俩曾经半开玩笑半认真地约定，等到我退役之后，一定要继续合作。后来我退役之后我们还联系过一次，我说如果有天我当了主教练，一定第一时间把他请到我身边。现在，这一约定终于成了现实。我和亨弗里斯的这段友情是在中国建立的，现在也将在中国延续并升级这段友情。

有亨弗里斯作为我的首席助教，我在战术端可以彻底放手交给他去设计和训练。我们的合作必将从根本上提升北控男篮的战术素养和整体实力。

和亨弗里斯沟通完之后，我突然获得了一个“小道消息”，时任浙江广厦助理教练的中国篮球传奇名宿李晓勇已经从广厦队离开了。这个消息当时还没有公开，很多人还不知道，据悉李晓勇正在选择下一支他将要效力的球队，有传闻他要去青岛男篮。

我第一时间拨通了李晓勇的电话，告诉他我希望他能够加盟北控男篮，来当第二助教。当时李晓勇刚刚回到沈阳没几天，我和他进行了深入的沟通，他考虑了三四天之后就答应了我。

李晓勇是中国男篮历史上的传奇后卫，在整个中国篮球界都拥有极好的口碑。作为中国男篮曾经的核心后卫，他对篮球的理解是我见过的中国球员和教练员中最顶尖的之一。我和李晓勇相识于山西，我刚到山西时他就是那里的助教，我俩在那个时候就惺惺相惜。其实我一直感到很奇怪，为什么像李晓勇这样级别的传奇在 CBA 没有获得当主教练的机会。所以当我猛然间听说李晓勇成为自由人时，我必须抓住这个机会让他加入北控。有李晓勇在，我的教练团队简直是如虎添翼。李晓勇对 CBA 太了解了，他闭着眼睛就能说出一名教练员的战术和风格，甚至能告诉你一支球队的历史背景。我的中国朋友告诉我，最能恰当形容李晓勇丰富经验和超强能力的一句话就是，“他走过的桥比其他教练员走过的路还要多”。这句话我很喜欢，我就需要和这样的人合作。

李晓勇加入北控成为球队的第二助教，他在研究对手上有着独一无二的能力，将和我还有亨弗里斯组成绝对的教练团队铁三角。

我前面说过，对于在中国当教练这件事我是有过思考的，而我本来觉得自己应该当一名助理教练而不是主教练。之所以这么想就是我觉得自己毕竟不会说中文，在有些情况下，可能还是没法和每一名球员建立百分之百的良好关系，很多情感的交流和表达以及意思的传递多多少少还是会在翻译的过程被改变甚至遗失。现在我虽然成了北控男篮的主教练，但是我依然可以清醒认识到自己的这一局限。如果球队的一切都顺风顺水那自然没问题，可如果我的教练团队中没有一个我非常信任并且和我心意相通的成员，去帮助我和队员进行良好且有效的沟通和管理的话，早晚还是会遇到问题的。

于是我又联系了我在佛山队打球时的一名队友，赵永刚。

我在佛山队时，中国球员中和我关系最好的就是赵永刚，他在场上场下都和我形成了默契，我们的友情从那个时候一直延续到现在。我联系赵永刚时，他正在体制内的单位工作，贸然离开体制内并且搬家来北京，这让他有点犹豫。但是听了我的介绍和愿景后，他毅然决然来到了北京，加入了北控。

赵永刚成为我的第三助教，主要负责帮助我管理球员，与球员沟通，确保主教练和队员们心往一块想，劲往一处使。同时，赵永刚自己作为三分线外的神射手，我也希望他能帮助我在北控队内带出几个像样的射手。现代篮球已经提速，并且大大依赖于投篮的准度，有赵永刚这样的教练在，我特别放心。

至此，我用很短的时间就搭建完成了一支极为出色的教练员团队。

我在首钢队打球时曾经和体能师瑞恩合作过，很有幸，我也把他带到了北控。专职体能教练在近些年来已经成了许多 CBA 球队的标配，这是一个非常好也非常正确的趋势。专职体能教练对全队球员的身体状态都更加熟悉，能够根据比赛和训练的实际强度调整训练。除了体能状况之外，他还可以帮助运动员调节身体、改善饮食，从根本上提升一名运动员的身体机能和运动能力，而且他还可以帮助运动员预防伤病。要知道，对运动员身体和伤病的管理已经成为决定一支球队能在一个漫长赛季中走多远的关键，有太多强队都是因为没能管理好队员的伤病而失去本来应该属于他们的成绩。

我还给球队引进了一名非常出色的美国训练师，他叫科瑞·哈里斯，还有一个特别武侠奇幻的中文名字叫作豹忠。豹忠同志对于 CBA 来说完全是陌生的，甚至对于职业篮球来说也是陌生的。他是 2018 年夏天才第一次离开美国到了中国。当时他加入了和我合作办青少年篮球培训的公司，他只是作为一名普通的外籍员工加入了公司，负责带 10 岁以下的小朋友训练。

刚刚到北京的豹忠两眼一抹黑，有一些中国同事帮助他适应了生活，但是他依然要每天坐很长时间地铁再骑共享单车赶到公司。没有训练课时，别的人都在公司休息，而他则拿出自己的小本子一遍遍画着各种战术图和训练方式示意图。其实他师从美国著名训练师加农·贝克，他的梦想就是当一名职业篮球训练师，然后如果有机会去职业队当训练师就更好了。他是一个非常普通的美国黑人孩子，家里没什么钱，来中国每个月拿一万多块人民币，过得已经非常满足。

我在和豹忠的工作过程中渐渐发现了他的潜力，他对篮球训练方法近乎执着的追求，以及令人敬佩的职业道德与精神都让我印象深刻。他整整一年都需要和 10 岁以下的孩子在一起训练，他此前并没有任何类似的经验，他的一切学习和准备都是为了训练成人球员而进行的，所以他一度也感到苦恼，不知道自己是否能承担起教孩子的重任。而且不要忘了，那是他来到中国的第一年，人生地不熟，既要克服生活上的许多困难，还要保证自己的工作质量，但他最终还是坚持下来了，并且把工作干得特别漂亮。在训练课中我曾见识过他的一丝不苟，而且令我惊讶的是，他对自己的要求非常高，每次见到他都感觉他学了一些新东西，一直在尝试和开拓进取。

他和公司的合约仅仅签了一年，一年之后工作到期，他决定如期返回美国，毕竟美国才是他的家乡，而且他也希望能回美国找到更适合他的工作。他走的时候，所有和他工作过的中国教练都非常舍不得，而他也给好几个中国教练写下了亲笔信，表达他的情谊和感恩。

当我上任北控主教练开始寻找训练师时，我打通了他的电话并告诉他："买张机票回中国吧，你的梦想实现了，你可以正式加入一支职业篮球队了。"

就这样，我的教练团队壮大了起来。他们每一个人都有自己的特点和擅长之处，他们和我的能力形成互补，为我带来全方位的保障和提升。我们这个团队可谓互相知根知底，无论是工作还是私交都有着很好的基础，我们之间可以完全没有任何顾忌地去沟通，我们可以在出现问题时信赖和依靠对方。我认为团队气氛的和谐和相互之间的信任是一切的基础，我非常幸运能够把这几个在我职业生涯中与我产生交集的老朋友们重新凑到一起，为了北控的明天而努力。

结束了教练团队的集结，更加艰巨的任务开始了，那就是球员的招募。教练团队再好，比赛也要靠球员去打。鉴于中国篮球的转会体制现状以及球队的实际情况，留给我的选择并不是很多，但我必须在内援和外援两个方面都取得突破，尽一切努力为北控打造一个良好的阵容。

北控上一个赛季全联盟垫底，成绩虽然糟糕，却为球队赢来了一个宝贵的 CBA 选秀状元签，而非常幸运的是，来自北京大学的王少杰确定参加这届选秀。王少杰早已经是 CBA 各队等待良久的人才，他的身体条件和技术都完全具备了 CBA 的中上水平，他的强壮程度和比赛经验自然还是菜鸟，但若论球商和天赋，放眼整个 CBA，也很难找到第二个。用我手里的这个状元签摘下王少杰，是一个完全不需要犹豫就可以做出的决定。

关于王少杰，有一个插曲还挺有趣的。某支曾经为王少杰倾注了很多心血，并且在他一路成长起来的道路上提供了很多资源和帮助的球队辗转给我递了话，说希望我能别选王少杰。我一方面对他们很感激，因为他们对王少杰的帮助让他成了一名这么好的球员，这等于他们为北控做了大量的投入和工作；另一方面我也能感觉到他们求贤若渴却没有状元签的绝望，就算我不摘王少杰，下面一支也肯定要摘，且轮不到他们呢。不过这也侧面说明王少杰在新秀球员里有多么抢手。我去看过王少杰打球，也和他做了面对面的沟通，最后我十分确信他就是我要去选择的状元，不光因为他的实力，也不光因为他的潜力，还因为他对篮球事业的纯粹的热爱。

我对王少杰的定位和期待都非常清晰，我希望他可以立刻成为球队的先发中锋。我不在乎他的数据如何，我只在乎他是否能够在相对充足的上场时间里取得肉眼可见的进步。他不可能一开始就成为联盟里出色的内线，但他有可能成为一名合格的先发球员，并且从技战术层面给球队带来积极的影响。我选王少杰是为了在比赛中培养他，而不是要把他放在板凳上培养。但这对他也提出了很高的要求，他要付出双倍的努力才能适应职业球队的节奏，同时也要保持正确的心态，最后还要确保自己在对抗强度和比赛密度都大幅度上升的职业联赛中保持身体的健康。

这些都是挑战，但不管怎么说，在选秀大会上摘到王少杰，都是我作为北控主教练获得的第一个礼物，并不是每个主教练都有机会在刚刚接手一支战绩不佳的球队时就能获得一个状元。

同样是选秀，我还在第二轮第 20 顺位做出了一个出人意料的选择，我选中了同样来自 CUBA（中国大学生篮球联赛），但完全不被人看好的北京工业大学的孟博龙。和王少杰的令人羡慕的身体天赋相比，孟博龙在球场上可谓完全不起眼，他只有一米八多的身高，无论从任何层面看都不太具备职业球员的条件。我选中孟博龙让很多人完全没想到，其实压根就没有多少人认识他，就连姚明在选秀大会上宣布他被选中的消息时，都因为事前没有想到他会被选中而不小心读错了他的名字。

我在上任不久就举办了一次队内试训，让球队工作人员帮我邀请了一些潜力新星，孟博龙就在其中。试训只有两天，孟博龙在第一天的表现就令我印象深刻，他虽然个子很小，但是在场上企图心很强，同时展现出了非常好的基本功和球商。我在那之前并不认识他，看到他出色的表现后立刻把他的试训时间延长，允许他和球队一起练上一个星期。在我看来，一两天的发挥好坏有可能是偶然现象，但一个星期，就足够我做出真实和全面的判断了。孟博龙用自己的表现征服了我，我愿意给这个年轻人一个机会，我不希望浪费掉手里拥有的选秀权，如果他出色，我又有能力，为什么不给他一个机会呢？

后来的事实也证明了我选他没选错，虽然他还不能拥有稳定的上场时间，但他完全具备未来成长起来的实力。而且北控的后卫线年龄上并不占优势，有了孟博龙，形成老中青三代的结合，令我非常满意。

接下来就是要寻找外援。

因为北控上赛季全联盟排名垫底，所以本赛季依照联盟规则，可以引进三名外援，两名欧美外援加一名亚洲外援。我自己在 CBA 就是外援，所以非常理解一名外援对球队的重要性，也非常清楚球队所需要的外援是什么样的。我首先想要签约的是“得分机器”多米尼克·琼斯，可是很遗憾吉林队把他签走了，退而求其次，我选择了凯尔·弗格。弗格在广州队也是得分高手，很多人质疑我的选择，说弗格虽然得分很厉害，但好像也没有达到进攻大杀器的地步，而且在场上还很独。但是我不这么认为，我认为每个球员都是可塑的，在我看来，没有任何一个球员是不能被改变的，我有信心让弗格成为一名球场领袖，而不光光是一名得分高手。

我还选中了内线球员德尔加多，不过这一位置上的外援选择和使用过程有点“命途多舛”。赛季还没开始，我们就因为状态问题把德尔加多替换成了汤普森。后来汤普森的表现还是不尽如人意，我们又换成了摩尔特里。

在第三外援亚外的选择上，我们选择了非常有经验的桑尼，也是特别好的选择，他后来为球队做出了很多贡献。

在选择外援的过程中，我亲自和每一个外援电话沟通然后进行面试。除了实力和水平，我最在乎的就是他们的态度，我需要知道他们对在中国打球到底抱的是一种什么态度，他们是只想来挣钱，还是只想来谋生，还是把自己的生涯和中国的球队联结在一起。我要确保他们加入以后不会搞特殊，不会有不同的想法，我要确保他们和球队保持一致、团结和凝聚。如果做不到这些，能力再强的外援我也不要。

在国内球员引援上，我和教练组花了很多时间，做了大量工作，最后我们一举拿下了王子瑞、孙桐林、宗赞、高尚和孙悦五名球员。

这五名球员的到来令我欣喜若狂，我感激教练组为此付出的卓越工作，也感激北控集团的全力支持和信任。

先说王子瑞，他其实是中国新一代后卫的代表性人物，早在2009年就跟随中国男篮出战U17世青赛，在世界舞台上场均能拿下11.4分，并带领球队取得世青赛第七名。后来王子瑞在2011年正式成为CBA联赛职业球员，他的职业生涯从浙江广厦队开始，2015年时被新疆队引进，成为球队寄予厚望的新星。但是王子瑞在新疆的发展高开低走，加入北控之前的一个赛季，场均只有2.5分，正处于一个低谷。而且恶性循环已经开始，他给自己的压力很大，却越打越差，于是信心也越来越受到打击。我仔细研究了王子瑞的比赛，我相信他的实力，一个球员，尤其是后卫球员，他的发挥和状态会受到很多因素的影响，我认为王子瑞的低谷只是阶段性的。事实上，我认为很多球员的低谷都是阶段性的，谁会没有低谷呢？但关键是要看他自己有什么样的信念以及如何去面对，也要看他是否有机会遇到信任他的教练团队和队友。对于经历低谷这件事，我自己最有发言权了，所以当我了解到王子瑞的情况下，毫不犹豫地向他发出了邀请。

王子瑞是有选择的，他可以选择留在新疆，继续拿着相对高的薪水，但是王子瑞告诉我他希望能有球可打，他希望可以在球场上焕发自己的第二春。我和他聊过之后，非常满意他对自己的期待和企图心，我非常愿意帮助他实现目标。没费什么工夫，我和他坦诚相待，他想来，我想要，就这么简单，我把一名实力强劲、身体素质出色、外围投篮神准的全能后卫收入麾下。

孙桐林是一名优秀的内线球员，而补充内线实力是我的重要目标。孙桐林并不是天赋型球员，没有炸裂的身体素质，甚至在技术上的天赋也比较一般。但他是真正用脑子打球的运动员，在场上起到的串联作用能盘活一支球队，而他针对自己身体素质的实际情况逐渐形成了有特色的打法，用策应能力和细腻的技术在 CBA 职业赛场上站稳了脚跟。巅峰时期的孙桐林场均得分能达到两位数，是深圳队的中流砥柱。后来他到了新疆队，因为那里的内线人才众多，孙桐林的出场时间和战术地位与他在深圳队时相比有所下降，慢慢地对孙桐林的状态也产生了影响。

孙桐林和新疆的合约是租借合同，但他的母队深圳队也并不需要他回归，这就给我们创造了引进他的机会。不过，引进孙桐林的过程出现了一些波折，好几家俱乐部都希望获得孙桐林，孙桐林和他的团队拥有选择权，我们需要去争取。经过沟通，我们最终还是顺利引进了孙桐林。而孙桐林也对加入北控感到非常兴奋，他觉得我是真正懂篮球的教练，他的期待很简单，就是能在北控获得稳定的上场时间，为球队做出自己的贡献。

宗赞和高尚在加入北控前也都有各自职业生涯的高峰和低谷，百转千回之后更清楚自己想要什么，也清楚该如何去实现目标，和他们的沟通同样非常顺利。

在我心里最重要的引援，也是意义最不同的引援，就要属孙悦了。

说起孙悦，可能很多球迷都能说起和他有关的许多故事。他是中国篮球的功勋巨星，也是我在北京首钢开创王朝的好队友、好兄弟。众所周知，因为首钢的改革，孙悦陷入了无球可打的困境，但他也获得了宝贵的休息时间，可以把长年累月征战所积累的伤病好好养一养。

去年的休赛，他和首钢队之前签下的合同也正式到期了，孙悦再次成了自由球员，又可以回归职业篮球赛场了。但是，这么久没打球，没有人知道他的训练状况怎么样。即便他一直坚持训练，也没有人知道他的实际状态和水平到底怎么样了，伤病的隐患是否消除了，还能不能在职业赛场上征战。

大部分人对他是质疑的。而恰恰是这种质疑，也成了他坚持训练重返赛场的核心动力。他想证明给所有人看，他还能打。

财大气粗的新疆队找到了孙悦，这看起来是一个不错的选择。新疆能给孙悦高薪，也需要孙悦的经验，而孙悦也希望能加盟强队，证明自己的实力，甚至再给自己的荣誉簿上继续增光添彩。如果我有机会能让球队签下孙悦，我会毫不犹豫，在我心里他是中国最好的锋卫摇摆人。

我约了孙悦一起吃饭。在北京的一个夏日夜晚，我和孙悦全家坐在了一起，他带着老婆和孩子，我们一起聊食物，聊过去的故事，聊家庭，然后终于聊到了篮球。

我直截了当地告诉孙悦，他应该选择加盟北控而不是新疆。我说："如果你加盟了新疆，你就需要和家人分开，但你又要经常回北京，这么远的距离来回飞行，对你的身体状态和健康其实很不好。而且新疆的冬天那么冷，也不符合你的生活习惯，你的身体是最重要的，不能让任何客观因素影响到你的健康。至于在北控打球的前景，我想我不用多说，没有你，就没有我在首钢队的后面两个总冠军，咱们俩的关系超越普通关系，我对你的信任也超越一般人，我觉得你完全可以回到接近巅峰的状态。在北控我会提供给你充足的上场时间，球队的重任将落在你的肩上，你有充分的空间和时间去找回自己的节奏。如果你想向所有人证明你孙悦还能打，那我对你在北控的期待远远不止于此，我看好你带领北控创造好成绩，让所有曾经怀疑你的人都刮目相看。"

我和孙悦一共沟通了两次，他做出了选择，加盟北控！我早就相信他会加盟北控，但当他真的做出这个决定时，我还是欣喜若狂。我和孙悦不管是在场上还是场下，都是一个眼神就能明白对方什么意思，这种默契是多年一起奋斗培养出来的。我们能再次合作，是天意，也是我们努力的结果。对于孙悦来说，当时的他其实想得挺简单的，他希望能回CBA再打一年，向所有质疑他打不了CBA的人证明他还能行。他也只和球队签了一年合同，想着自己打上一年，证明了自己，就退役去享受生活。当然，后来如何，我们都知道了，孙悦在北控焕发了第二春，无论是身体状态还是球场表现都无愧于一名CBA巨星。我觉得孙悦还可以打很多年，但是去年夏天这个美妙的开始，是我永远难忘的。

至此，我完成了北控男篮教练组的重组，也几乎让球员阵容焕然一新。在我所能掌控的资源中，我付出了所有努力，将这支球队打造成了我所能做到的最佳状况。

即便如此，很多人只从纸面上看就断言北控必然将迎来又一个失败的赛季。他们举出了很多例子，但不外乎说我们签下的球员都不是一流的，都是处于生涯低谷的，甚至别的球队弃用的。

我对这些声音和论断嗤之以鼻，但是我也没有加以反驳，因为回击别人的质疑从来不能靠说话，而只能靠行动和结果。我从完成球队重建之时就十分确定我们会在新赛季里搞出一些名堂，因为我的这些球员都对胜利充满了渴望。他们需要的是机会，需要的是指引和教导，给他们一点阳光，他们就会还你一片灿烂。

招兵买马不是一件简单的事情，我把这个过程做到了极致，因为我知道北控集团对我的希望和要求是什么，我也看到了集团的决心。集团从上至下倾注了无数资源来帮助球队，又选择了我作为带领球队前进的掌舵人，我就要用最专业的工作和最敬业的态度去做好这个任务。球队管理层的改革，球队工作和管理制度的提升，全新教练团队的聘用，再加上球队阵容的重建，万事俱备，只欠东风。

美妙的开局

我们比其他球队更早开始集训，我选择让队伍进行封闭集训，这对许多球员来说都是挑战。但是孙悦作为球队里最有资历的绝对老大哥，带头投入训练，在训练场上拿出了比年轻人还玩命的态度。在封闭集训期间，即便他有家人需要照顾，可以开口要特权，但他也完全接受球队安排，一丝不苟地完成球队训练计划。

当孙悦都如此拼命训练，球队里的其他球员就更不会说什么了。孙悦所起到的榜样作用从一开始就无比重要，把全队的精神状态都带到了一个绝对的高度。

在集训开始时，我对队伍的要求很简单，就练好一件事，防守！

我不担心进攻，不担心其他任何事情，我只在乎防守。很多教练或者队员，甚至连球迷都把防守挂在嘴边，但到了具体操作层面，防守究竟该怎么做，怎么练，怎么坚持贯彻和执行，就参差不齐了。

防守是意识为先，技术随后，防守是个人争先，团队联动。防守说起来简单，但它所涉及的体能、技术、战术、心态和经验，是足够一名运动员或者教练员用尽一生去学习和精进的。进攻端的事情，更多时候靠的是球员的天赋和默契，只要默契培养起来了，进攻端自然会有起色，因为在进攻时，球和人去哪里是可以自己选择的。但是防守则没有办法，防守时的球和人是取决于对手的，你需要跟着对方移动、预判、跟上并最终打断对方的节奏，任何一步走慢了、走错了，都会造成丢分。但从另一个角度看，防守也比进攻好练，因为进攻的最终目标是把球投进篮筐，另外四个人再努力，也要靠最后出手投篮的那个人来决定是否得分，但防守端，只要联动起来，就可能阻止对方得分。

我对球队在防守端展开特训，每天 80% 的时间都扑在防守上，我希望北控能够建立起自己的鲜明特色，成为一支防守型球队。我需要队员们把自己的姿态放到最低，时刻牢记我们这支球队在上个赛季是全联盟垫底的队伍，是最底层的队伍。我们的每场比赛都要去疯狂啃咬对手，跟对手拼搏，用防守让对方寸步难行，这才是我们的取胜之匙。

CBA 球队的训练比 NBA 球队的训练时间更长，通常一天两练，每次两个小时左右，而在 NBA 则有很多严格的规定去限制球队训练的时长和次数。我还记得我刚到首钢队时，领教了闵鹿蕾指导的魔鬼训练。开始我也不理解，我说哪有这么练的，但是后来的 CBA 职业生涯让我逐渐理解这种魔鬼训练的必要性，最终的结果也证明了全队都从这种训练中受益匪浅。现在我接手北控，展开备战，决定从防守练起，把球队打造成一支防守之师，那就更需要队员进行魔鬼训练，因为防守本身就是一件苦差事，和进攻端的无限风光相比，防守是默默无言的努力，防守是不求回报的付出。

我给北控队的训练安排虽然也是一天两练，但每次训练都是三四个小时，而且该有的力量训练和体能训练一点都不能少。每天训练的最后一项内容都是篮球场内17趟折返跑，这在业界被称为“自杀训练”，所有人闻之色变。但这项训练也真的非常锻炼人，只要扛下来了，体能就能进步，上场就不会出现问题。越是这样的“自杀训练”越会帮助球员实现质的提高，正所谓杀不死你的使你更强大。

孙悦这样的老将，一趟不能少；孙桐林这样的不以移动见长的大个子，一趟不能少；三名外援，一趟不能少。全队上下，都要练起来。

全部的夏季备战集训都被我用来提升球队的防守，教练组有建议我是不是也适当练一点进攻，我坚定地告诉他们不用，这三个月的时间能把防守练好了也算是有所收获了。我在北控打过一年球，知道这支队伍的历史遗留问题在哪里，也知道改变一支球队最快速有效的方法是什么。我从每一个细节去抠队员的防守意识、动作和策略，并一遍遍地向他们解释我们为什么练得这么辛苦。

我跟他们说：“等到比赛最后，看着对面的球员已经气喘吁吁，累得不愿意挪动脚步时，你们就会知道这样训练的意义何在。比赛的结果和对手的表情会告诉你们，现在的训练为什么要这么艰苦。对手会满脸疑惑地看着你们，想不通为什么打到这个份上了你们还这么体能充沛。那时候，你不用告诉他们你都付出了什么，你只需要用表现和结果让他们保持惊讶和不解。那种感觉非常爽！”

我对球队的要求很高，对自己的要求更高，不夸张地讲，无论是吃饭还是睡觉，我都在想着如何提高球队。自从我们开始打热身赛以来，你就会看到我要不然在训练场上工作，要不然就在训练场下看录像复盘比赛。教练组还有我的翻译也因此没有什么时间好好休息，经常是我一个想法就把他们全招呼过来一起讨论。

说到我的翻译，我也要感谢他，因为翻译真的是一件很辛苦的工作。大家表面上看起来可能只是英译中和中译英，可语言这一层面只是最基本的，翻译需要做的是把我的情绪和态度也传递出去。如果我在训练场上大喊大叫，翻译就要跟着我大喊大叫，如果我在训一个队员，翻译也需要和我保持一样的态度，这对他是极大的挑战。

但不管怎么样，再多的挑战我们都扛过来了。我和全队一起奋战了三个月，在按捺不住想让全世界看看我们是谁的心态下，迎来了 CBA 2019—2020 赛季。我的主教练生涯的第一场比赛终于要开始了，远道而来挑战我们的是深圳马可波罗队。

比赛开始前，我跟队员们说："我们上个赛季是最后一名，这个赛季我们不一样了，但是你们心里不要有压力，不要觉得自己非要打成什么什么样才行。你们记住，成绩打出来了，那功劳是你们的，没打出来，责任是我的，我希望你们没有压力，上场就拼。至于怎么拼，你们心里比我更清楚，我们练了这么久，就是为了让每一个像今天一样的夜晚都能成为我们庆祝的日子。"

深圳队是一支季后赛球队，不但有得分能力突出的双外援，还有非常优秀的现役国家集训队选手沈梓捷。赛前预测，普遍认为深圳会轻取我们。这种预测很合理，不仅仅因为他们的强大，更因为我们是一支全新的球队，而且队里的很多队员都很久没有出现在赛场上了。孙悦时隔两年之久第一次踏上球场，王少杰也是第一次亮相职业赛场。他们能打成什么样子，除了我们自己，所有人心里都没底。

孙悦 13 分 5 个篮板，王少杰 12 分 3 个篮板还有 2 次抢断，小外援弗格 35 分 9 篮板 10 个助攻，差一点就三双。在主场观众的呐喊声中，我们以 108 比 103 战胜了对手，取得了 CBA 联赛的开门红。

我在赛后直接回到了更衣室，迫不及待想开始和队员们复盘比赛，但是很快被工作人员拉了出去做采访。等我做完采访再回到更衣室时，球员们的兴奋之情溢于言表，但是我耷拉着脸一言不发，整个更衣室看到我的状态全部安静下来了。我跟他们说，第一场能赢下来很好，可我觉得没有任何值得高兴的地方。首先是因为胜利已经过去了，它不会跟着我去下一场比赛；其次是因为虽然比赛赢了，但我们还是犯了很多错误，很多我在训练中强调过许多遍的错误，如果这些错误不解决，今天的胜利很轻松就会变成失利。

我知道球员们的心里一定是有些诧异的，甚至连教练组也惊讶于我的态度，明明是开门红，有什么理由不庆祝一下呢？是害怕球员一下子骄傲自满吗？

其实并不是，我只是打心眼里觉得这没什么可庆祝的，因为这仅仅是一场胜利，如果赢得一场胜利就能让一支球队成功，那成功简直是这个世界上最简单的事情了。我的职业生涯走到今天，经历过太多的成功和失败，我脑海里有一支成功的球队应该呈现出来的样子，也知道北控走下去将要面对多少挑战，我不能有任何一个时刻是放松或者自满的。

一个人，一支球队，往往在紧绷的时候最能进步，在胜利的时候彻底放松，就像是从井底往上爬的青蛙，刚爬了一点点，就往下滑一大截，这是我不想看见也不允许发生的事情。

果然，赛季开门红的甜蜜仅仅维持了三天，我们就在主场输给了来访的上海久事男篮。而且输球的方式极为令人窝火，上半场我们还领先12分，下半场却遭到了逆转，比分是98比102。我们是在第三节被对手逆转，但是到了第四节时，我们一度把比分追到只差1分，但最终还是无力回天。

回到更衣室，队员们不出意料，极度沮丧。

这一次我反而笑了，我说："小伙子们，咱们不能这样啊，不能赢了球就哇哇乱叫庆祝，输了球就垂头丧气低迷，咱们能不能成熟一点？冷静一下？能不能动一动自己的脑子？赢球时我不觉得需要庆祝，是因为我看到了问题，输球时我觉得也不需要沮丧，因为我也看到了进步。就拿这一场来说吧，孙悦在第二节早早陷入了犯规困境，打乱了我们的正常轮转和战术布局，才导致12分的领先优势很快被蚕食。但其实后来我们的很多反应和调整都很及时，你们在场上的执行也令我感到满意。我觉得这场球虽然输了，可是很多地方你们做得与上一场相比其实是有进步的。我们先从自身出发，要做得比自己更好，然后再去研究对手，看怎么击败他们。胜负很重要，可是也没有必要执着于当下的胜负。我不喜欢看到你们垂头丧气，高兴点，准备一下，我们明天就要本赛季第一次出发去打客场了。"

又是三天之后，我们迎来了本赛季的第一个客场比赛，挑战时代中国广州。我们在广州要待好几天，打完时代中国广州，还要再次面对赛季首场对手深圳马可波罗。

第一个客场之旅我们碰到了时代中国广州队，我想到会赢，但想不到赢球的过程和方式居然如此令人激动。我们和广州的较量可谓棋逢对手、将遇良才，双方你来我往难分高下。小外援弗格之前在广州效力了两个赛季，本场比赛面对旧主毫不手软，砍下了 43 分。王少杰在 CBA 职业生涯的第一个客场比赛中就打出了自己的水平和能力，全场 10 投 6 中拿到 14 分，表现非常出色。但这场比赛其实非常艰难，我们居然和广州连续打了两个加时才分出胜负。两个加时比拼的已经不光光是篮球技术，而是双方的心理、体能和对胜利的渴望。弗格显然是最想在广州球迷面前证明自己的那个人，在两个加时赛中独得 17 分，几乎以一己之力杀死比赛，但全队其他队员在他身边提供的强有力的防守和进攻端的支持，是弗格能放手一搏的前提保证。

最后，两个加时之后，我们依靠顽强的意志力和防守，依靠全队 5 人得分上双的进攻端的优异表现，以 134 比 123 战胜了广州队。

这次我没有在更衣室控制自己的情绪，我冲着队员们大喊，告诉他们我为这支球队感到骄傲，告诉他们只要继续这样努力就一定能创造一些奇迹。全体队员也都非常激动，他们在更衣室拥抱着、高喊着、庆祝着，就连外援也都被这气氛感染，尽情释放着自己的情绪。我知道，虽然这和我们的目标还离得很远，但不管怎么说，我们算是顺利起航了，应该庆祝。

紧接着我们在短短 8 天之后就和深圳队第二次相遇了。这次的深圳队有备而来，准备在主场报揭幕战失利之仇。而我们也憋着一股儿劲，因为今天一旦获胜，就将是我带队执教获得的第一个连胜，同时还能彻底出一口气，因为在第一场战胜深圳后，我听到外界一些声音说我们只是侥幸战胜了深圳这样的季后赛队伍，我们和深圳的实力差距决定了我们不可能在客场再次凭借运气获胜。如果是我自己，我不在乎这样的声音，但现在我需要我的球队和我的队员在赛季一开始就能挺直腰板，充满信心，所以办法只有一个，就是在场上拿出过硬的表现，用比赛的结果去堵上质疑者的嘴巴。

这场比赛一开始，我安排球队在进攻端充分利用身高优势，王少杰率先在内线造成犯规，其他队员也频频冲击内线制造杀伤。在深圳队做出调整后，我吃定了深圳队想要靠外援打开局面的想法，选择继续保持我们阵容在身高上的优势。这一办法果然奏效，即便到了第二节双方开始拿出双外援阵容进行比拼，我们也依靠防守强度和进攻端的身高优势将比赛的节奏牢牢掌控在自己的手中。半场过后，我们反客为主，以 48 比 37 领先 11 分。

中场时我提醒队员，别忘了上一场领先上海 12 分却被翻盘的那一幕，想一想要做什么才能守住领先优势。弗格站了出来，利用个人能力将全队串联起来，频频得分和助攻，面对深圳的猛攻，在比分几度被拉近到个位数的情况下把球队扛在肩上，继续保持着领先优势。

第四节决战时刻，深圳队利用主场优势发起了绝地反击，我们受到了很大的压力，三军用命，每个上场队员都拼尽全力，在赛季刚刚开始就拿出了季后赛才有的强度和执行力度。王少杰在关键时刻依然能拿到上场时间，展现了年轻球员的强心脏，重磅引进的孙桐林在关键时刻内线连续得分，期待证明自己的王子瑞更是打了足足37分钟，在第四节表现十分稳健，外援们也都发挥出色，全队像下山猛虎一样对胜利充满极度的渴望。最后，深圳队疯狂反击无果，以87比94，再次败下阵来。

带着客场两连胜的喜悦，我们回到了主场，先后迎来了浙江稠州银行和浙江广厦控股两支浙江球队。我们没有迟疑，用实力捍卫了自己的主场，连克强敌，战胜了这对从浙江赶来踢馆的“兄弟”。

打广厦队时很有意思。对方主帅是CBA著名的教练李春江，他是我在首钢打球时的宿敌广东队的主教练，我们之间有太多故事。而如今，我也站在了教练席上，和他又成了对手，这十分令人感慨。而这一次我丝毫没有手软，布置的战术专门克制他的球队，我们也以19分的巨大优势获得了胜利。

至此，CBA比赛打了六轮，北控队取得了惊人的5胜1负的战绩，排名联盟最前列。北控前六轮比赛中每场能砍下107.7分排在联盟第七，场均抢48.7个篮板排名联盟第二，而防守效率则排名联盟第四。

数字是不会说谎的，比赛结果是不会骗人的。

我们在备战中狠抓的防守和基本功在新赛季开始后完全显现出了作用，仅仅是六轮比赛，北控就被外界形容成了一支可以通过防守击垮对手的球队。虽然我们因为规则有利，拥有三名外援，但这并不是战绩好的直接因素。

上个赛季，北控全年才取得了8场胜利，是CBA全部20支球队唯一赛季胜场数不足两位数的……而现在的我们已经鸟枪换炮，联赛才开始就拿下了 5 胜 1 负，这是球队历史上的最佳开局。

如此美妙的开局并没有让全队飘飘然，因为他们十分清楚，打完广厦队三天后，他们将迎来最强的对手之一北京首钢队。联赛第七轮，将是北京德比之战。这场比赛太关键了，我们并非输不起，但我们也背负着京城篮球的希望，背负着太多想要证明自己的负担。我们没有时间停下来享受这美妙的开局，我们需要保持紧张，迎接德比。

京城德比

很快我们就迎来了京城德比，我要亲自率领北控男篮和我曾经效力的北京首钢男篮展开对战。这场德比已经不仅仅是北京球迷在翘首期盼，全中国的球迷都在关注。我非常清楚德比之战意味着什么，有无数人在等着看这场比赛，等着找出比赛中的很多细节来讲故事。这对于 CBA 联赛来说其实是件好事，任何一个联赛都需要这样的故事，但对于我来说却不一定。一方面我渴望这样的对抗，我不惧怕任何比赛，我就是在这样的竞争中成长的；但另一方面我也担心球队因为德比之战背上过于沉重的负担，我希望他们可以按部就班地打球，因为这场比赛再重要也不过就是一场普通的比赛。可是道理说起来容易，做起来却很难，从打完浙江广厦之后，我就很明显感到全队上下的氛围开始发生变化，此时离第一场京城德比就只差三天。

我身上的首钢和北控情节自然不用多说，我知道自己就是这场德比的焦点。但其实还有一个人比我更想证明自己，他就是孙悦。孙悦职业生涯中的黄金两年因为和首钢队之间的不和而被荒废掉了，他心里憋的那股儿劲可不是一般人能体会的。他是被首钢放弃的，首钢宁愿白付他钱也不让他回来打球，对于运动员来说，这是奇耻大辱。我了解孙悦，他一定会假装若无其事，假装平常心，但他的职业态度和好胜心会让他为了这场比赛投入巨大的努力。

其他队员虽然没有我和孙悦这样与首钢队有直接的关联，但大家作为一个团体，彼此能感受到心中所想。而且身处北京城，身披北控球衣，想到北控集团对我们的知遇之恩和殷切期望，便也都非常希望能拿下这场德比，为自己提振士气。

第一场德比是在首钢的主场进行，五棵松，一个我最熟悉也最热爱，最难忘也最感恩的地方。

赛前我对队员们说："首钢队的纸面实力在我们之上，但篮球从来不是简单的纸面实力对比，有太多临场发挥会对结果起到作用，这些道理都不用我多说了。但是我再最后一次提醒你们，要用正确的心态和正确的方式去比赛，机会绝对属于准备好的一方。"

首钢队过去这两个赛季的成绩一般，本赛季引进了林书豪，希望他能在小外援的位置上为球队带来新生，同时大外援位置上的汉密尔顿各方面也非常扎实，是一名悍将。但在我心里，首钢队最强大之处还是它的一众非常优秀的国内球员，方硕、朱彦西、翟晓川，这是三名国家队级别的球员，其中方硕和晓川已经成了中国男篮的中坚力量。除了他们三个之外，常林、王骁辉也都是非常有实力的球员。这一拨国内球员和我的感情非常深厚，我在首钢的这些年与他们一起成长，共同分享，有太多难忘的回忆和一起畅想过的未来。今天我们的身份发生了变化，也早已各为其主，但能有机会和他们以这样的方式在球场上相逢，依然是人生一大快事。我对他们的实力没有丝毫怀疑，知道他们作为对手是多么强大的存在，但我也自信对他们有所了解，我们曾经是一个眼神就知道对方在想什么的兄弟。现在的我依然能看出他们在场上的一举一动，依然可以传授最好的经验和方法给我的球员，教他们怎么去和首钢对抗。

我在攻防两端对球队做了详细的布置，虽然首钢实力在我们之上，但是我们是以下搏上，心态放得更低，也更有渴望。而且和首钢相比，我们重新组建的阵容和战术相对处在暗处，首钢则处于明处，只要我们能执行好既定的安排，我相信我们有超过五成的概率击败首钢。在防守端，我要求球员们拿出凶狠和撕咬的精神，无时无刻不紧跟首钢每一名队员。针对首钢进攻的发起者林书豪采用全面限制的方法，半场找人领防，全力封堵他的突破和传球路线，掐断林书豪和全队的连接。同时赌定林书豪不会贸然尝试过多的个人进攻，所以尽量少夹击，利用防守端不遗余力地积极移动和协防来完成对首钢全队重点球员的限制。进攻端顺其自然，放手去打，尽量避免个人单兵作战，用我们三外援的优势去冲击对方、消耗对方，等待首钢犯错误。

比赛还没有开始，整个城市就充满了德比的氛围，仿佛出个门都能听到人们在议论纷纷。球队告诉我，这场比赛已经一票难求，能容纳将近两万人的五棵松体育馆本来就是全国最大的了，但依然无法满足所有球迷到场观战的心愿。无数人在通过各种渠道寻找着门票，他们不想错过由我执教的北控男篮在完成重组之后的新赛季第一次面对我的旧主北京首钢，他们也不想错过孙悦时隔两年重返球场之后第一次面对他的旧主，他们更不想错过壮志凌云、希望满满的北控正式向老大哥发起的挑战。用一场比赛去评价一支球队显然是不准确、不客观，也是不公平的，但一支球队在关键比赛中展示出来的技战术水平和精气神却也在一定程度上反映了这支球队的高度。

再多的期待和热议，最终都要在篮球场上解决。比赛当天，我们全队乘坐大巴从位于北京城东南角的训练基地，穿越整个城市来到西边的五棵松。一路上我感慨良多，我在这座城市的身份和命运不断变着，但是一切仿佛都没有变，我始终是北京篮球故事中的一个角色，是北京篮球这一段的历史的参与者和共同缔造者。

比赛是极为艰难的，艰难程度超过了我的想象，估计也超过了所有人的想象。我花了无数精力让球队提升防守的质量和强度，寄希望于掐断首钢的进攻，但是北京首钢何其强大，他们也做了同样的事情。我们和首钢从哨声响起的第一秒就开始了一场防守大战，仿佛两个世界上最坚固的盾牌在尝试证明自己才是最无懈可击的那一方。每个运球，每个传球，每一次投篮，甚至每一次战术的指引和跑位，都是极为艰难的，队员们都知道对方想干什么，能干什么，也知道对方准备怎么去干，一切都不是秘密。获胜的诀窍很简单，就是看谁能拖住谁，看谁能扛住。如果单看比分，你简直不能相信这是一场 CBA 职业比赛，你也很难相信场上奔跑的队员是中国最好的一拨篮球运动员。双方连出手都变得极为艰难，更不要说命中得分了。

另一方面也能看出，双方教练员和队员都背负着很大的压力，都不想输，而双方队员虽然防守足够到位和凶狠，但是在进攻端也有点太放不开手脚了。大家都知道对方在严防死守，所以都害怕犯错误，也都害怕好不容易才得来的一次投篮机会浪费在了自己手里，越这么想就越拘束，最终把进攻打得磕磕绊绊。虽然说防守赢得比赛，但是防守最终也要转化成进攻得分，篮球比赛的胜利属于得分更多的那一方，这样一个听起来傻子都明白的道理，仿佛被队员们抛到了脑后，他们只有能力把对方防下来，却失去了进攻的锐利。

不过整体上我认为这是正常现象，北控一直以来的大问题都是重攻轻防，最终赢不了几场球。而现在赛季才刚刚开始，我们就能在强大的首钢面前展现兼具纪律性和战术性的铁血防守，让对手单节得分极低，这是一个了不起的防守成绩。当然，首钢更加厉害，他们就像提前知道我们要做什么似的，拿出了和我们一样的决心和战略，弄得我们也找不到突破之处。整个上半场打完，首钢以 34 比 30 暂时领先我们，这个比分在正常情况下，一节就打出来了。

在半场的时候，我鼓励队员们做得不错，能把首钢限制在半场 34 分，全联盟也没有几个球队能做得到。而在进攻端，我们需要保持耐心，坚持用正确的方式打球，手感会来，机会也会来。

下半场开场后，双方继续鏖战，队员们依然球球必争。但是我们在进攻端终于开始有所回暖，并且将比分扳平，双方正式进入拉锯战。然而，首钢的强队本色也在这个时候开始展现，我们一直秉着一口气追分，追上以后反而出现了瞬间的短路，就像一下子失去了一个小目标，需要重新聚焦。结果就是这么一个瞬间，让首钢抓住了机会，他们的调整来得非常坚决，也非常及时，看到林书豪在供给端被我们限制得很死，内线也是艰难推进，首钢把以翟晓川为首的锋线推上了进攻的最前沿，翟晓川连续攻击内线并得分，将比分优势重新建立。不过首钢也没有能力将我们彻底甩开，双方各自发挥着自己的优势，但我们犯下的错误也没有机会去弥补，再也没能将比分追回。到了第四节后半段，还是翟晓川在进攻端的持续强势杀死了比赛，也正是他的一记扣篮将分差拉大到了 10 分，让我们的追赶变得无比艰难。

比赛的最后时刻，我们的分差还停留在 8 ~ 10 分，在正常情况下，肯定追不回来了。但是我在暂停时告诉队员们："不要只盯着这一场比赛，我在乎的是你们是否能用正确的方式打球，是否能从每一场球赛中取得进步。我不要看到你们垂头丧气，谁也不许流露出沮丧的神情。我要你们根据我的布置来打好最后的每一个球，想象自己这一球就是能逆转比赛的一球，看看自己能不能把战术安排给打出来，每一个这样的锻炼机会都十分难得，你们一定要抓住。"

队员们足够努力，也尽了自己的最大能力，即便到了最后一攻，还剩 3.3 秒时我们依然落后 8 分，我也要求队员们不能停止比赛。在我眼里，没有任何一秒钟是垃圾时间，每一秒都要全力以赴，因为我们需要从每一秒里学习成长和进步。最后 3.3 秒，我安排了一个"电梯"战术，由两名球员在罚球线上线掩护，一名球员空切从他们两人中间穿过，然后两个人迅速靠拢，像"关门"一样把追防的队员挡住，让空切穿过的队员获得一个无人防守的外围三分出手机会。这一球就算投进了，也不可能追上比分，但在最后时刻能演练这个战术却是无比珍贵的机会，我不允许队员们放弃。这个战术完成得相当漂亮，一切都很顺利，只可惜最后的空位投篮还是偏出了。

79 比 87，第一场京城德比，我们输给了北京首钢。

只是一瞬间，场地里挤满了人。在人流裹挟中，我们和首钢的老朋友相拥在了一起，我和方硕、晓川、朱西、常林、骁辉一一拥抱。我跟他们说，今天这真是一场好球，我为他们的表现感到骄傲。而他们也告诉我，说我是一名很好的教练，我的战术布置让他们打了本赛季最艰难的一场球。赛后，鬼使神差地，我习惯性地朝着首钢的更衣室走去，那是我走了太多次的路，闭着眼睛都可以到，只可惜我只能走上两步，就要掉头走回客队更衣室。我并不想掩饰自己对这里的熟悉和思念，那是最美好的回忆，没有过去的付出，就没有如今的收获，没有过去经历的困难和挑战，就不会有现在如此美好和充满希望的生活与事业。

首钢那边的大外援汉密尔顿拿下了全场最高分，不过也仅仅是 21 分，他还抢了 15 个篮板，翟晓川得了 20 分，而林书豪不但只得了 16 分，还受到我们的针对性布置，早早就陷入了犯规麻烦。当然，我们也打得比较挣扎，第一得分手弗格也被对方防得寸步难行，砍下 19 分，大大低于他的平均值。倒是老将孙悦，在攻防两端都非常惊艳，得了赛季最高分 18 分，获得一众好评。孙悦在第二节时还上演了一记“回忆杀”，在一次追访中，大步流星从后面追上了上空篮的王骁辉，从背后狠狠一个大帽，在篮筐边缘把王骁辉的上篮像排球扣杀一样给扇飞了。

这个镜头后来在全网传播，成为当天比赛的一个热点。就连在场的首钢球迷都为孙悦的这一记盖帽喝彩，曾几何时，这是专属于首钢的保留动作。孙悦因为身高臂长防守出色，一直以他标志性的盖帽著称，他甚至在国际赛场上以类似的方式扇飞过好几位 NBA 大腕儿球星的投篮。时隔两年，孙悦的身体已经不再处于曾经的巅峰，人们对他的预期已经没有那么高，可他用这一记盖帽和全场稳定出色的表现向大家证明了他的能力、他的坚持和他的自律。

这其实也是我们整场比赛的一个缩影，我们虽然输了比赛，但绝不是一无是处，我们充分展现了北控男篮的强大实力和彻底蜕变。过去几年，我们和首钢根本不是同一个档次的球队，仿佛他们才代表北京篮球，而我们只是刚好存在的另外一支球队。但一支球队就像一个人，成长需要过程，只要我们有正确的思路和持之以恒的心态，进攻和成功都只是时间问题。

虽然京城球迷对这场德比大战翘首以盼，但其实多数人还是觉得首钢的实力明显高出一大截，觉得我们在开场取得的 5 胜 1 负的战绩只是偶然，觉得我们将在强大的首钢面前露馅。但是比赛过后，这些说法彻底销声匿迹了，所有人都明白了，这支北控已经不是从前那支弱旅了，这支北控从内到外，从管理到人员，从进攻到防守，从个人到团队，都发生了脱胎换骨的提升和改变。很多人用“酸爽”来评价这场比赛的观感，他们说这场比赛双方的进攻都打得太煎熬了，按常规而言很缺乏观赏性，但凡是看完整场的人又都被这场球赛的过程吸引，双方你来我往的针锋相对比互不设防的进攻大战还要好看，即便好几分钟谁也得不了分，也依然是一场非常好看且耐看的比赛，挣扎难缠之外，能看出无数篮球比赛的精妙之处。

我们全场对战术的执行都非常成功，只是在下半场比分被拉开的那一小段时间没有做好执行。但不幸的是，那正是我们最需要体现执行力的时候，而这也正好是我们输球的原因。首钢赢球的道理也很简单，他们在执行力上比我们坚持得更久，做得更到位，犯错误更少。

这场比赛赛前，我们和首钢都是 5 胜 1 负，但这场一输，里外里差距被拉大到了两场，他们 6 胜 1 负，我们 5 胜 2 负。虽然我们并没有刻意去和首钢对飙，但失利和落后的感觉总是苦楚的，这种痛苦感没有人喜欢。

第二天，我们再次开拔客场，前往吉林，展开在东北的魔鬼客场，同时也开启了球队本赛季的一个魔鬼赛程。算上刚刚输掉的这场北京德比，我们将在接下来的四场比赛里连续挑战吉林和辽宁这两支东北强队，然后回到北京和首钢进行第二次德比大战，最后再远赴西北去客场挑战强大的新疆男篮。不到 10 天的时间里，我们将要飞行数千公里，面临时差和旅途的挑战，同时对手全是强队。当时的吉林在开局后的成绩和状态也十分出色，我本来想引进的强力外援琼斯极其火爆，动辄砍下 40 多分，带领吉林所向披靡，连续将强队斩落马下。而两遇首钢、客战辽宁和新疆，都是极为困难的挑战。这一段魔鬼赛程下来，球队肯定会被剥掉一层皮，无论战绩如何。作为主教练，我必须要从全局来思考并指引球队，所以首场德比战之后，我立刻提醒队员们向前看。

11 月底的东北已经非常寒冷，吉林和辽宁一个比一个难啃，我们十分努力，但还是败下阵来。我们顶不住壮如坦克又能里能外的琼斯，也打不过拥有中国最顶尖后卫组合以及强力外援史蒂芬森的辽宁。我们不是惨败，其实比赛打得还是不错的，悬念也保留到了最后一刻，但我们对关键球的处理实在不够给力。我们全场比赛里的大部分时间都做得很好，两场比赛的前三节都是领先的，可就是在最关键的那么几分钟时间里出现了执行端上的瑕疵，导致整场比赛就此输掉。几天之前，我们还是全联盟里炙手可热的一支球队，还以 5 胜 1 负排在积分榜的最前列，但现在我们已经转眼吃了一拨三连败，陷入小小的危机。

我也深切地体会到作为主教练所面临的压力。如果我还能打球，我有一百种方法带队转变局面，重新获胜，我会身先士卒，带头冲锋。但我现在不能上场，我需要用智慧和领导力去教会队员们如何走出困境，打好下面的比赛，运动员出身的主教练可能都有这样一个必经的过程。

从东北回来，我们没有任何休息时间，来不及休息，来不及调整心情，因为转过一天就将是京城德比的第二次碰撞，和第一次德比仅仅相隔了 6 天，热度比上次有增无减。虽然我们经历了三连败，但所有人都认可了北控的实力，对我们有期待，他们希望看到我们的反扑。我们也确实比任何时候都更需要这场比赛的胜利，不仅仅是德比的意义，而且从球队整体战绩的角度考虑，我们要停止连败和颓势，迅速反弹。

针对这场比赛，我们做了更加详细的布置。我和教练组把第一场德比的录像看了不知道多少遍，绞尽脑汁去想该怎么在短短几天的时间里让球队打出不一样的比赛，去和首钢更加强硬地掰一掰手腕。

然而北京首钢和我们的状况相比也好不到哪里去，我们是前后脚去的东北，他们也输给了吉林和辽宁，也处于一个小小的低谷中。我们有多想击败他们扭转颓势，他们就有多想打败我们。这又是一场针尖对麦芒的比赛，又是一场双方锱铢必较、谁都不想输的对抗。

经过仔细的思考和布置，我们决定坚持自己的打法，相信自己的实力，面对首钢，继续强调强硬的防守，宁愿自己不得分，也不能让对手轻易得分。首钢的核心依然是林书豪，但他并不是琼斯、史蒂芬斯那样的强力外援，他打球的方式很聪明、很优秀却不够强硬，缺乏一股狠劲，在 CBA 的关键时刻，作为小外援需要用一己之力把队伍扛在肩上。林书豪有自己带队的风格和信念，作为球队核心，他和首钢队完美融合在一起，用另一种方式彻底提高了首钢作为一支球队的整体实力。但如果我们足够强硬和坚决，也可能可以利用林书豪带队的风格，将其优势转化为劣势。如果想做到这一点，我们就不能像上一场比赛那样一直落后一直在追分，因为领先的首钢在林书豪的带领下将越打越稳当，我们很难追上。但如果我们能把情况反过来，让首钢追分，那么林书豪并不是那种一人疯砍几十分的外援，他不管在什么情况下都会选择去相信和调动队友，那么我们只要做好防守，限制他的队友，就有很大可能守住领先的优势并拿下比赛。

所以这场比赛的取胜之匙就在于我们是否能在保持高水准防守的前提下，尽一切可能取得领先的优势。

开场后，很明显可以看出，首钢和我们的想法是一样的，双方都太了解对方了，彼此之间没有秘密，也没有出其不意。从跳球后的第一秒开始，又一场防守大战开始了。

第一节比赛打完，14 比 9，首钢暂时领先。我们连 10 分球都没能得到，我简直不敢相信自己的眼睛，一个正常情况下三五分钟就能打出的得分，双方却为此整整缠斗了 12 分钟，双方的防守强度比第一场有过之而无不及。第一节结束后我狠狠批评了队员，不是因为得分低，而是因为他们对失误的控制。有一段时间，连续 8 次进攻无果，其中 5 次都是因为失误，这是不可接受的。

第二节比赛，我们开始可以使用双外援，我决定让汤普森和桑尼两名大外同时上场。这样子首钢为了对位，就没法让林书豪上场，只能让汉密尔顿一直坚持留在场上，否则首钢的内线将严重吃亏。弗格和林书豪，两支队伍的大脑和主攻队员都长时间坐在场下，这导致比赛场面一度变得有些混乱，双方都不能有效控制自己的失误，但是防守强度依然居高不下，这就导致比赛场面进入恶性循环。但越是这种时候，我提醒队员越要顶住，这个时候比的就是谁不犯错误。半场结束，37 比 36，又是一场比分超低的比赛。

但我也知道这样的僵持赢不了首钢，而且拉锯战中，北控队员毕竟没有首钢队员的深度和经验，更容易犯错误，所以到了第三节，我还是及时派上了弗格。坐了很长时间的弗格一出场有如猛虎下山，一开场就连续成功策划进攻，帮助球队在进攻端打开僵局，手风顺起来之后，居然连续投中三记三分球，彻底把势头带了起来，让首钢陷入绝对的困境。弗格那边一开火，首钢的防线马上开始顾此失彼，于是亚洲外援桑尼此时也站了出来，在内线频频得分。当首钢又转为防守桑尼时，我又指导球队将进攻重点重新放回到外线，弗格继续保持滚烫的手感，第三节单节三分球五投五中，“神挡杀神，佛挡杀佛”。

第三节，我们依靠三外援的优势和合理的战术调整，在保持防守强度的情况下终于打出了期待已久的进攻，单节赢了首钢队 18 分，胜利的天平开始倒向了我们。

然而第四节是个挑战，因为我们三外援的使用时间已经结束了，而落后的首钢其实只是第三节被打蒙了，每个球队都有突然短路断电的那么一个时间段，这么大的分差并不是双方真实实力的体现。在短暂的节间休息期间，我大声提醒队员："不要犯错误，不要犯错误，只要不犯错误，重新回归我们之前的防守强度，那我们和首钢就几乎是势均力敌之势，不要觉得自己领先了这么多就觉得高枕无忧了。你们都是打了很多年球的运动员了，大道理不需要我讲了，小细节都给我盯紧了，这场球应该属于我们。我知道有的队员心里一定会想，第四节就算是输个几分也没关系，毕竟我们手握这么大的领先优势。我很清楚，所有逆转，所有失败，根源都来自这一点侥幸心理。"

第四节一上来，首钢队不出所料开始发起绝地大反攻，三军用命，全员皆兵。进入第四节后半段，我和对方的雅尼斯教练在换人上也针锋相对，根据场上攻防的实际情况连续调兵遣将，他要尝试逆转，我要守住领先。就这样你来我往，一直到了比赛只剩下 24.5 秒的时候，首钢队获得球权，此时他们还以 79 比 86 落后 7 分之多，需要至少三个进攻回合才有可能创造奇迹。

接下来这 24.5 秒是我不愿意去回忆却必须永远牢记的 24.5 秒，是我在后来的日子里一遍遍对北控全队上下反复复盘并总结的 24.5 秒，是我刚刚开始的主教练生涯中最为痛苦却也最为宝贵的 24.5 秒。我能清晰地记住计时器的每一次跳动，也能说出场上每一名运动员做出的每一次选择和每一个动作，我真的恨不得自己冲上去打这最后的 24.5 秒，或者能让时间倒流，让我的队员有机会再来一次。

首先是首钢的大外援汉密尔顿抢投三分，一个内线球员，居然一投命中，让心存侥幸的我们为自己放内线队员外围出手的错误付出了惨痛的代价。但问题是，当时我们并不觉得这一个三分会是一个多么大的问题，所有的溃败一开始都只是来自一次失误或者一个松懈。此时，首钢只落后 4 分，但时间只剩下 22 秒，依然是一个进攻回合打不完的。

我示意队员们把球交给罚篮命中率高的球员，不是弗格就是孙悦，其他队员尽量不要接球，因为首钢必然要开始采取犯规战术了。球发到了孙悦手里，首钢队果然犯规了，孙悦走上了罚球线，这两罚对他来说不是问题，他是久经沙场的老将，几乎不会在关键时刻犯错。两罚两中，88 比 82，6 分的优势让人非常心安，但我依然拼命大喊着让队员注意回防。

首钢队快速推进到前场，我们的队员拼命移动，防守首钢再中三分，结果首钢选择先打一个两分，由翟晓川突入内线得分。令人意想不到的是，我们再次犯了大错，居然在翟晓川身上犯规了，给了他一个“2+1”的机会，他也没有错失我们送上的大礼，稳稳发球命中，3 分。

又是犯规战术，只不过这次走上罚球线的是弗格，结果他仅仅两罚一中。这让我心头略略一紧，这个时候，每一分都关键啊，可是到了这个时候，我就算有再多办法，也没法代替我的运动员去上场投那一球，如此大的场面，心态上紧张，手上不稳，罚丢一球也不足为奇。带着 4 分的优势，计时器仅剩 12.9 秒。这就等于在过去的 12 秒时间里，双方的分差维持在了 4 分，现在压力其实是在首钢这边，因为他们必须要非常快地完成一次进攻才有机会继续通过犯规战术将比赛的希望多留存一些。

继晓川之后，方硕站了出来，在那么短的时间里，他以闪电战的速度在前场接球，直接起来就投，居然直接命中绝地三分！ 88 比 89，首钢只落后 1 分了！

犯规战术继续，经验丰富的首钢死死盯着孙悦和弗格，这次球到了王子瑞手里。按说王子瑞也是投篮非常有把握的一名后卫，我已经尽我的全力把队里所有罚篮有把握，同时还具备防守能力的队员留在了场上，就是为了防止首钢通过犯规战术追分，但遗憾的是，王子瑞又是一个两罚一中，比分停留在了 90 比 88，时间也只剩下 7 秒了。首钢队的暂停全部用完了，他们需要从后场发球并推进到前场完成进攻，时间来得及，但是非常难。

这时候的比赛已经到了白热化的阶段，运动员已经几乎听不到场边的教练员的呼喊，因为他们需要全神贯注投入比赛，他们也很紧张。这时的北控再次犯了错误，因为领先着两分，所以队员们觉得首钢队的最优选择一定是追一个两分把比赛逼入加时。这是一个很好理解的选择，因为毕竟从后场推进过来是需要时间的，而三分线上的布防比较容易形成，且两分毕竟比三分更加容易和稳妥。

首钢队后场发出球来，我们把所有后卫都防死了，是翟晓川拿着球狂奔推进，几乎有一点跌跌撞撞的感觉，他一路直突篮下。因为我们队员坚信首钢是要拿一个两分，于是在看到晓川冲着篮下杀过去时，本来的人盯人防守被打乱了，离晓川最近的队员下意识地去补位，完全放空了本来自己防守的朱彦西。

翟晓川没有错过这样的机会，他一看到有人包夹，就把球传到了早早就埋伏在左侧底角三分线外的朱彦西。朱彦西接到球时，还有充足的时间可以瞄准并出手，这是一个完完全全无人防守的空位投篮，首钢队艺高人胆大，直接选择三分。如果投进了，他们将直接绝杀我们；如果没进，这最后 24.5 秒荡气回肠的追分将变得没有任何意义。

当朱彦西出手时，我绝望地转身，闭上了双眼，因为我知道，他一定能命中。

我太了解他们了，太了解晓川、方硕和朱彦西了，那个位置是朱彦西这辈子投篮最准的位置，他的所有训练都是为了能命中这样的投篮。我曾经无数次突破之后看都不看就选择把球仍向埋伏在那里的朱彦西，想不到，此刻他将在这个位置用一记绝命三分杀死这场比赛。

没有一点点意外，朱彦西出手，篮球划过一道不算太高的弧线，像精确制导导弹一样稳稳命中篮圈最中心。同时，计时器到站，终场哨声响起，干干净净，没有留给我们一丝再喘一口气的余地。

在首钢队疯狂庆祝中跑在最前面的，还是那三个人，翟晓川、朱彦西和方硕。他们和当年比，脸上仿佛还是有着青春稚嫩之色，但是他们的心理和技术早已今非昔比，极为成熟。我和他们在一起奋斗多年，我可能比他们自己都还要更加信任和看好他们。

0.1 秒，我们就差了 0.1 秒，我们被绝杀了。第二场京城德比，我们几乎做到了 99 分，却因为最后的松懈和错误，失去了所有。

很多媒体拍到了我在赛后一个人坐在球员通道口的照片，大家都说马布里十分落寞。

落寞那是真谈不上，因为这也就是一场常规赛而已，虽然它有着极为特殊的意义，虽然全世界都知道我非常想赢，但我绝不会因为输球就落寞难过。我坐在那里，是尝试给自己一个空间，让自己好好思索，从执教层面来说，我还可以做什么让球队从这场失利中学到经验，让球队从今以后不必再遭受这样的痛苦。

无论是在新闻发布会上，还是回到更衣室中，我的说法都非常一致，我说这场比赛的责任全部在我一人身上。我是真的这么想的。如果复盘比赛过程，只讲场上的话，问题当然都是出在某个球员身上，但把这些责任归于球员是绝对错误的。因为场上的每一种情况，都应该在场下演练过成千上万遍，如果没有碰到，那就说明是教练员没有把这种情况分析并传授到位。队员在场上的每一个选择，都是对教练布置的执行，布置是否正确取决于教练的经验和临场判断，执行是否到位，也取决于教练平日里对全队的训练和默契的培养。

这场比赛之后，我花了很长时间来复盘和反思，我并没有完全着眼于最后的那段时间，我在意的是整个第四节我们是如何被首钢队一点点把领先优势蚕食掉的。我们本来可以把第四节打得更好，从而提前避免最后时刻绝杀的发生。在人员布置上和临场调整上，这一战给我上了一课，不光是队员，我自己也在这样一场球赛里成长许多。

仅仅是三天之后，我们又要在新疆面对联盟里最强的队伍之一。被绝杀的低迷，再加上本身实力上的差距，我们毫无悬念惨败于对手。至此，美妙的 5 胜 1 负的开局之后，我们迎来了一拨五连败，胜率被拉到了 50% 以下，队员们都有点沮丧。

而我却看到了触底反弹的机会，我们召开了一个开诚布公的会议，全队的教练和队员都彼此交流了对自己和球队的看法。我听到了很多非常好的反馈，也为队员们的互相信任和真诚交流所感动。我待过太多球队，但北控是所有队伍中最团结一致、氛围最融洽的一支。

今天的我回想起来，如果那两场京城德比我们都赢了或者赢下了第二场，在当时可能感觉很美好，完成了人们心中所谓的“复仇”，但那也可能让我们过早陷入自我满足中，开局的顺利加上赢下德比，很可能会让我们一下子飘到天上。而现在则不同，一起一落之间，球队对自己会有更真实的感觉，会更加脚踏实地，虽然心里会因此承受更多压力，会不太好受，但其实这是所有成功球队的必经之路。如果不能扛过这个坎儿，那漫漫赛季又该如何度过，前方的困难只会更多，失败带来的打击只会更惨痛，越早经历风雨，越早能看见彩虹。

京城德比是CBA联赛需要的故事，是球迷们需要看到的对决，也是我们作为局中人需要全心投入的比赛，但是作为主教练，我必须带领全队从更高和更全面的角度看待问题。比赛不能白白输掉，我们学到了什么，能不能利用比赛的契机完成蜕变，实现队伍的进化，在下一阶段的联赛进程中将这种进步转化为实实在在的成绩，这些才是我需要思考和必须做到的事情。以前作为球员，即使是场上场下的领袖，也还是体会不到这一层，现在做了主教练，我才真正意识到这个位置意味着什么。

我和全队一样，在不断学习进步着，但是我的学习进度和提升的步伐要足够大，这样才能不断领导球队。数不清多少个夜晚，我在比赛过后和教练团队留在房间里研习录像，进行比赛复盘，也数不清多少次，我和队员们进行谈心，一对一帮他们分析场上出现的问题。我知道千里之行始于足下的道理，但也真的恨不得一天有 72 个小时，而且自己还可以一直不睡觉，我有太多工作要完成，有太多想法要传递给队员们。

没有好的对手，自己也难以进步，北京首钢的存在就是我作为主教练不断渴望进步和实现进步的核心动力之一。对此，我也十分感激首钢队，在我生命的不同阶段帮助我成长。

渐入佳境后迎来 CBA 停摆

一拨包括两场京城德比在内的五连败让全队从赛季之初的飘飘然中迅速冷静了下来，重新放低自己的姿态。我提醒全队，胜利是我们追求的最终结果，但我们却不必在意每一场的得失，我们要重视的依然是我们自己的执行力度和进步幅度。在赢下的比赛中，我们也犯过错误，只不过是因为运气好，或者是因为对手犯了更大的错误，我们才侥幸赢下比赛。但因为胜利冲昏了我们的头脑，让我们放松了警惕，所以这些错误才持续出现，而好运不会永远站在我们这边，所以我们才会输掉一些令人扼腕的比赛。

但正如我前面所说的，京城德比也是我们球队调整自己、重新起航的契机，毕竟漫长的赛季才刚刚开始。在打完第二场德比之后，我们客场输给了新疆，然后就开始进入了赛季上半程真正的攻坚战阶段。从那之后一直到中国春节 CBA 联赛休战，一共又进行了 19 场比赛，北控取得了非常出色的成绩，14 胜 5 负。其中包括一些非常了不起的胜利，比如战胜卫冕冠军广东队，再比如终于在第三次德比中赢了北京首钢，等等。

现在回想起那段时间，真的非常感激我的团队以及我的队员。CBA联赛的赛程在逐年变长，比赛在增加，强度也在上升，我刚来CBA时，比赛的数量和密度都比现在少得多，而现在则是在不断进步、不断加码。在CBA打球，你必须在每一个有比赛的晚上都很努力，而在CBA执教，则必须每一分每一秒都全力以赴。我连和家人打电话的时间都变得越来越难找，只能见缝插针。我拿不出整块的时间去做自己的事情，这种状态和当球员时是完全不同的。当球员时，虽然我也很习惯CBA球队的集体生活，但毕竟我只需要在球场和训练场上操心，而现在我则无时无刻不在想着如何提高球队的训练质量和比赛水平。我在抽空给儿子打电话时告诉他，我现在的工作比以往更加辛苦繁重，也更加有挑战，但我并不感觉累，因为我还是在从事着我心爱的篮球事业。我鼓励儿子要像我一样，找到一生挚爱和追求的事业。

经历了一段时间的考验，队中的一些重点队员基本都达到了我的期望。比如王少杰，他充分利用了我给他的上场时间，像一块海绵一样吸收着养分。王少杰的特点是少年老成，丰富的大学篮球经历让他拥有比许多CBA球员还要多的实战经验，所以不管是多么强的对手，他都敢拼敢抢。但他还是有一些学生气，我总是希望他能再强硬一点，希望他的信心能再提升一个档次。他也慢慢开始展现天赋和变化，在进攻端每场20分钟出头的时间里能拿下七八分，表现好的时候也能得分上双，他先发出场，总是作为球队的第一道屏障去和对方最强的内线直接对抗。在不少比赛里他都上演了精彩的表现，比如在2019年底打八一时，他就展现了自己在相同位置上的国内球员中的实力，全场砍下 19 分 7 个篮板和 3 个盖帽。有了王少杰，我在内线的排兵布阵变得游刃有余。

王子瑞是另一名让我感到满意和惊喜的球员。他来北控就是为了证明自己的实力，就是为了能有球可打，于是我给了他每场 30 分钟以上的出场时间，他有充足的机会用表现去回击那些质疑他的人。非常客观地说，虽然王子瑞在场上有一些多年养成的坏习惯，但在我的调教下，他做出了巨大的改变，场均得分接近 10 分的进攻表现和过硬的防守，让他成了北控当之无愧的后场核心。要知道，他从 2011 年加入 CBA 开始，即便在最风光的时候，出场时间也不过 20 分钟，场均得分最多也不过 5 分，他过去三个赛季在新疆几乎已经沦为角色球员，场均只能捡漏得个两三分，毫无战术地位和未来。但是在北控，他让整支球队变得不同，球队也让他个人变得更有价值，实现了双赢。我自己作为主教练，对运动员个人的帮助也是我的责任所在，我不能以“为了球队好”的借口而对运动员的生涯不管不顾，我要让每个在我麾下打球的运动员都能有归属感和期待感，并且能实实在在提高水平和身价。我打了这么多年后卫，就算所有事都干砸了，也不可能教不出好后卫。这份自信和笃定我还是有的。

弗格也已经完成了蜕变，虽然赛季尚未过半，他的打法已经明显发生了变化，对球队的组织和掌控更加用心了，自己的得分效率更高，进攻选择更合理，队友不会觉得他是那种只顾着自己砍高分的外援，所以更愿意从心底接受他。而打球方式的改变，也帮助弗格解决了很多问题，当他在进攻端手感不佳的时候，他还拥有其他办法去带领球队获胜，这一点是他自己以前没有想到要去做的。

我和弗格因为没有语言障碍，沟通就更加频繁和深入。我对他寄予厚望，我认为他完全有可能成为球队未来的建队基石，他完全可能在北控开创一段传奇。我告诉他，作为一名外援在中国拿到合同对他而言不难，但如果这就让他满足的话，他的篮球生涯也就变成打工混饭吃了，而他的实力远不止于此。我手把手地给弗格传授了很多经验，从传球的时机到进攻的组织，每一个细节我都和他一起研究，帮助他进步。弗格后来还因为在北控队的表现入选了美国国家男篮集训队，这应该是 CBA 历史上第一个入选美国国家男篮集训队的现役外援。弗格的蜕变受到了队内队外的一致肯定，但我知道他身上还有太多潜力可供挖掘，我对他的表现还谈不上完全满意，但我欣赏他的态度和努力，相信他会达到我们对他的期待。

当然，每支球队也都存在问题，我们的大外援汤普森的发挥就有点不尽如人意。在大外援的位置上，我们一开始选择的德尔加多在赛季还没开始时就暴露出问题，用汤普森替换后我们基本还是满意的，虽然他的表现还达不到我们期望的统治内线的级别，但他已经是我们当时能找到的各方面最合适的外援了。可是在这一段时间的比赛和训练中我们发现，他最大的问题不在场上，而是在场下的态度，他总是忍不住去抱怨。当他个人发挥不好时，当球队遭到失利时，当其他意想不到的情况发生时，他总是那个会抱怨的人。我和他谈了几次话，我相信他是个想打好球的小伙子，他也向我解释了很多时候他只是忍不住去抱怨，并不是真的想去影响大家的情绪。但是无论沟通得有多好，在遇到具体情况时，他还是会去继续展现出一些情绪。教练组和管理层经过反复沟通和慎重思考，决定着手寻找新的大外援来替换汤普森。我们在1月份时找来了新外援摩尔特里，和汤普森和平分手。

从我作为主教练的立场来说，这支北控队的成绩到底如何，我只能全力去指导、去引领，但球最终打成什么样，基本上还要依赖队员，但是这支球队的氛围怎么样，则是我可以决定的。我需要这支球队保持最好的态度和凝聚力，这是打好球的前提基础。我非常清楚，如果球员之间没有良好的关系就不会产生信任，如果不信任就没办法完成合作，而如果不合作，对于一支集体项目的参与者，大家都知道这意味着什么。可以说，我花了多少工夫去琢磨球队的技战术打法，就用了多少时间来打造球队文化和提升球队凝聚力，我相信这样才是正确的道路。

很多人开始评判我作为一名主教练的外在展现。比如大家会发现我的一些小习惯，比如穿不同款式的西装，再比如像闵鹿蕾指导一样在赛场边的椅子下摆上6瓶矿泉水，又比如他们发现我全场都站着，从来不坐下。大家也开始评判我在场边的表情和语言，我知道，这既是一种关心支持也是一种监督，我毕竟是第一年当主教练，一言一行都在别人的眼里。对于这种关注和评判，我这样的老江湖真的是习以为常。他们有时好，有时坏，有时助你一臂之力，有时让你逆水行舟。但干到我这个份儿上以后才明白，只要踏踏实实做好工作，任何人都可以宠辱不惊。

2019年12月15日，我们在主场迎来了卫冕冠军广东队。在那之前，他们已经是12连胜，状态所向披靡，冠绝联盟。而我们也刚刚摆脱从第一场京城德比战之后开始的那拨五连败，彼时的我们，五战四胜，但是对手都不是联盟强队，我们赢下的是四川、天津、福建和广州。在外界看来，这是一场我们应该直接战术性放弃的比赛，与其和广东做无意义的对抗，不如保存实力和体能，去争取接下来的比赛的胜利，因为广东的比赛之后就是一段六天三赛的赛程，对球队体能要求很高。这种战术性放弃的建议并非没有道理，漫长的赛季中，有个别比赛进行人员轮休可以有效帮助球队保存体能，这种方法已经被球队越来越广泛地使用。但我和教练组说，这场比赛咱们不能放，越是面对卫冕冠军队，我们越是要认真去打，因为这种比赛的锻炼意义很大，而且放眼整个联盟，如果有人站出来说不怕广东，那么那个人肯定是我。广东队是中国最好最强大的队伍，但是我不害怕，因为我有充足的和他们对抗的经验，我知道该怎么击败他们。

那天的比赛一上来，双方就展开了对攻，这源于我的安排。我跟队员们说："不用担心防不住广东，因为他们太强了，可能平时这么防就防下来了，但今天防广东可能就防不下来。在场上你们需要时刻提醒自己，我们的防守已经做得不错了，只需要保持自己的节奏就行，保持信心，然后在进攻端一定要想办法持续给他们压力。今天我要求你们放下一切负担，忘记对手是卫冕冠军队，有了机会不要犹豫，大胆出手。"

队员们坚决执行我的布置，在进攻端如猛虎下山一般凶猛，人人带劲，有机会就投，结果效果还真不错，第一节就以 36 比 30 给了广东一个下马威。相反，广东那边明显有一些轻敌，没想到我们会这么与他们拼，他们在心理和身体状态上明显启动得比较晚。当他们反应过来以后，时间也到了第二节，我们开始可以使用三外援，我安排桑尼、汤普森还有王少杰轮番上阵，冲击广东的内线核心。第一节时对方的任骏飞就已经有三次犯规了，第二节他根本不敢怎么上场。这样我们的轮番进攻就能有效地对广东队的锋线和内线继续造成杀伤，一方面增加他们的犯规负担，另一方面也提前消耗他们的体能。这样的情况一直持续到半场，半场结束时分差维持不变，我们带着 6 分的优势回到更衣室。

在更衣室里我告诉队员们，这场比赛非常关键，因为我们已经证明了自己可以在上半场打得比卫冕冠军队还好，那下半场这口气大家就一定得顶住了，要不然连我们自己事后可能都会怀疑我们上半场的领先是侥幸获得的，这是我不能接受的。广东队的确是冠军级别的球队，纸面上看各方面实力都比我们强许多，但是比赛不是这么看的，我们前一阵子连续输给北京和新疆等强队，我们如果想让自己变成一支不同层次的队伍，如果想让自己被外界称为强队，那今天就是一个机会！广东队下半场毫无疑问会展开反攻，我们一定要做好艰苦对抗的准备，越是被追得凶狠就越要想一想我们平时练的东西，只要正常发挥，不挥霍掉这领先的优势就行。

下半场如我所料，广东开始疯狂反扑。我们的队员一碰到这种阵势就开始紧张，比分被追到了仅剩一分。但此时，上半场一度因伤下场的王子瑞站了出来，和弗格一起组成后场，打出了几个关键球，将比分重新拉开。

到了最后一节，我跟队员们说，广东队将要展开绝地大反攻，但他们也就只能坚持几分钟，如果我们能顶住一到两拨进攻高潮，这个球就有了。我跟弗格说：“今天你放手去得分，球队需要你的进攻。”我跟内线队员说：“易建联今天的体能可能会出问题，他们的内线可用的球员不多了，弗格在外围没有好机会时，你们就拼命冲击内线，消耗他们。”

广东队第四节上来靠着外援冲击了一阵子，但我们队此时已经士气如虹。最后果然在比赛还剩下 3 分多钟时，广东队就放弃了比赛，最后的比分定格在 126 比 111，我们战胜了强大的广东队。

队员们非常兴奋，更衣室里变成了欢呼的海洋。我告诉大家，别的球队输给广东，是因为他们一看见广东队就打心眼里害怕了，被这支球队的冠军身份和历史战绩吓坏了，打败他们的唯一方法就是比他们更努力，更凶狠。

这场比赛赛后还发生了一个小插曲，我在赛后和广东队主教练杜峰发生了一点冲突，后来也成了网络上的热点。我和杜峰一直各自代表北京和广东的球队，京粤大战每年都是全国的焦点。后来他当了主教练，而我还在打球。有一次他在场边执教时伸腿绊了冲向场外救球的我，那个动作有可能会使我受伤，这让我耿耿于怀，我一直希望和他有一场男人之间的对话。这场比赛我带队击败了他，是我作为主教练和他的第一次对决，虽然从综合实力和球队底蕴上比，北控和广东还有差距，但是北控的凝聚力和潜力却是无人能比的，这场比赛的结果也证明了这一点。

击败广东队之后，球队士气大涨，在接下来的一场比赛中面对在赛季之初曾经击败我们的上海男篮，我们完成了复仇。之后我们因为人困马乏，进行调整，输给了青岛队，然后很快又迎来了一拨四连胜，连续战胜了苏州、南京、八一和山西。在这一拨连胜中，很多队员的状态都调整得非常好，整支球队也越来越有自信，越来越清楚自己的优势和不足。

随着赛程的推进，我们也从 2019 年来到了 2020 年。2020 年的第一场比赛我们输给了深圳，但马上又是一拨三连胜，再次击败上海、广州，并在再次碰到深圳队时反过来赢下了他们。接下来我们南下，在客场面对浙江双雄，对方状态非常好，让我们吃下了两连败。而在这之前，我们上一次连败还要追溯到 2019 年 11 月那拨五连败。由此可见，我们全队在过去两个月里的进步有多大。

败给浙江后，我们第三次迎来了北京首钢。这个德比第三战非常重要，首先，我们已经输给了首钢两次，所谓事不过三，这股劲我们一直憋着呢；其次，这是上半赛程的最后一场比赛，打完之后我们将进入春节假期，所以这场比赛在心理上有着为我们的上半程赛季盖棺定论的意味；最后，现在首钢队的总战绩是 19 胜 10 负，排名联盟第五，我们仅仅只比首钢少赢一场，但是排名第八，如果我们输了，差距继续拉开，而且我们将掉出前八，如果赢了，我们则和首钢站到了同一起跑线上。

这场比赛我给队员布置的战术是争取先机，用大胆的外线出手和内线积极的强攻去打首钢一个措手不及。开场后队员们把我的战术执行得非常好，孙悦、王子瑞和许梦君都纷纷投中三分，新来不久的大外援摩尔特里也在首钢内线一顿砍杀，首节我们就以 27 比 19 领先首钢，让比赛进入了我们的节奏。

第二节比赛一向是我们的优势，因为我们可以开始派出三外援出战。我预测到首钢队一定会根据第一节的情况对我们的外线三分加以限制，所以我告诉摩尔特里，第二节要靠他继续发挥。我让全队有意识地去找内线，结果摩尔特里果然爆发，打得首钢非常难受，尽管首钢在进攻端也做出了有效的调整，但半场依然落后。

下半场非常关键，因为京城德比第二战，首钢就是在下半场完成了19分的逆袭，最终让我们惨败。所以我在半场时告诉队员，既不要害怕被追分，也不要有一口吃下个大胖子的着急心理，一定要控制住节奏，没有失误就是成功，千万不要盲目去进攻，要回归到防守，用防守和篮板球去带动和实现进攻的转换。第三节队员们做得依然不错，第四节一度有点紧张，被首钢队追得分差只剩7分。但我坚持使用摩尔特里冲击内线，致使首钢必须把大外援汉密尔顿留在场上，没法派出他们的进攻枢纽林书豪。这让首钢的进攻一直打得不太顺畅，没法大举反攻，等到第四节后半段林书豪终于披挂上阵时，首钢队大势已去。首钢和我们都非常清楚，这一次，不管发生什么事情，就是拿胸口堵枪眼，北控队也不可能让德比第二战时的情况重新上演。108比92，我们终于用一场完胜让京城德比有了不一样的结局。

至此，经历了联赛开赛阶段战绩上的大起大落，北控渐入佳境，找到了稳定的状态，在五连败之后打出了14胜5负的绝佳战绩，并且排名联赛第八，成绩和排在第四名的山东队是一模一样的。所有人都惊呼，北控男篮已经不再是去年那支人见人欺的弱旅了，北控男篮这是真的要进季后赛啊！

面对这样的评价，我既不意外也不欣喜。不意外是因为我知道外界的声音一定会随着球队的进步而改变。不欣喜则是因为这还远远不是我们的目标，联赛中期的成绩并不能直接转化为最后的结果，而我们心存高远，总冠军才是我们的目标。在那之前，所有的进步都是过程，并不是值得庆祝的终点。

但是球队毕竟打完了半个赛季，各方面的发展都非常不错，集团领导也对肯定了我们的努力和表现，所以我们的心情还是非常愉悦的。而且当时迎来了春节假期，中国的球员和工作人员可以好好休整一下。我早早定好了要利用春节假期回美国一个礼拜左右，我的英文纪录片《一个来自科尼岛的孩子》要在美国上映了，我要回去参与一些宣发活动，同时也是回去看望一下家人。

然而就在这个时候，新型冠状病毒引发的肺炎疫情在武汉市暴发了，CBA 联赛下半程还能否按时开打一瞬间成了疑问。

其实早在 1 月上旬和中旬的时候，新冠肺炎在武汉暴发的消息已经一点点传播开来，但那个时候情况还不是很明朗，大家都在了解和观望的过程中。后来情况开始变得严重，大家也开始紧张。到了休赛季前最后一两场比赛时，我们都提高了防范意识，戴上了口罩，并注意洗手。对于经历过非典型肺炎的中国人民来说，这样的全民防疫行动并不陌生，他们的反应非常迅速，对困难程度的估计很准确，应对方法也很多。但对于我来说，这是一个全新的状况，虽然我能及时获得足够多的信息，但毕竟是第一次亲历，还是有点摸不清状况。

中国政府和人民面对疫情的反应令人肃然起敬。一项又一项的规定和措施先后出台，所有人都高度配合。球队也集中对我们进行了相关知识的普及和培训。CBA 联盟也高度重视，开始商量如何配合国家做好防疫工作，如何发挥自己的作用反哺社会和做出贡献。因为疫情的发展每天都在变化，而且正处于暴发期，所以 CBA 原定的在春节之后复赛的计划可能要泡汤了。所有人都意识到我们可能不能按时复赛了，但是所有人都觉得，可能就是晚上一两个星期，等情况稍微好起来就一切如常了吧。

当时我已经到了美国，我不相信美国的新闻媒体报道，都是从球队还有中国的朋友这里获取信息。我知道，情况在快速变得糟糕，但我也了解到，中国政府和人民对此的应对措施是怎么样的。

CBA 公司很快意识到，复赛不可能在一两个星期内实现，我们要迎来的可能是无限期的停摆。职业体育联赛一旦停赛就会产生很多问题，最直接的影响就是联赛收入没有了，没有观众入场的门票收入，没有媒体转播的版权费用，赞助商的权益也没有办法得到实现。联盟和球队很快就会迎来运营商的挑战和问题，很多情况都是第一次出现，大家之前都没想到会发生。

虽然我不负责运营、媒体和商务等方面的工作，但是我非常清楚 CBA 联赛还有各个球队作为一个整体是怎么互相合作、共同前进的，我也很清楚体育联赛在整个社会中起着一个怎么样的作用。体育可以鼓舞人心，体育可以娱乐大众，体育也可以为社会带来财富和能量。但是当整个社会需要团结在一起去打赢一场人类和病毒的没有硝烟的战争时，体育则需要全力配合，摆正自己的位置，发挥自己的能力和效用，为社会做出贡献。

在我放假刚回到美国时，美国的疫情还没有暴发，整个国家的人对这种病毒都没有任何了解，只知道中国暴发了疫情，然后想当然地去责怪中国。

我在纽约参加了一档节目宣传我的纪录片，主持人为了活跃现场气氛，特意拿了一筒消毒纸巾和一个口罩，开玩笑地问他是否应该戴上口罩并用纸巾消毒，因为我刚刚从中国过来。我没有生气，而是耐心地把我在中国了解到的事情向他做了介绍。我跟他说，我在中国 10 年学到了很多，其中很重要的一点就是在面对不同和差异时，首先确保让自己变得足够有知识和足够了解真相，在那之后，我才会选择去发言。而无论我的发言是什么，目的并不是为了挑起新的矛盾，而是为了将拥有不同背景和信仰的人们团结到一起。我在中国感受到了爱，所以我也学会了如何去回报爱，如何去爱别人。

后来一段时间，我在美国做了一系列宣发活动。在各种采访中，总有美国记者会问到和疫情相关的一类问题，我没有回避，而是实话实说，告诉他们我在中国所了解到的真相。我吃惊地发现，当我向他们介绍戴口罩、洗手、保持社交距离、注意各种物体表面会留下病毒等常识时，美国人要不然就是对此一无所知而且将信将疑，要不然就是完全不信并恶意质疑，还有一些人问我是不是被洗脑了，怎么会相信戴口罩能防止病毒传染。

当我看到在中国武汉，中国人民用 10 天的时间从无到有建起了一座医院用于收治病人，当我看到无数医疗战线上的中国白衣天使和其他重要保障环节上的中国人民，用大无畏的奉献精神和令人敬佩的专业能力夜以继日地为疫情奔波奋斗，当我看到广大中国人民为了配合国家抗疫主动隔离、主动禁足做出了巨大的牺牲，我被深深感动，也为我的第二家乡感到深深的骄傲。

我在跟美国人介绍这一切时，内心是激动且骄傲的。但令我遗憾的是，我一个人的能力太小了，许多美国人不愿意相信在中国发生的事情，他们只愿意责怪和推卸责任，却不愿意学习了解和负起自己的责任。所以毫无意外，疫情在美国也暴发了，而且暴发得很快。如果是在中国，哪怕有一例确诊，一座城市都会团结起来抗疫。但在美国，哪怕一座城市沦陷了，大家也都不会团结。

当然，疫情的暴发和联赛的停摆也让我获得了一个意外的假期，我可以好好利用这段时间陪在家人身边。我的妈妈，我的亲人，我的孩子，也都非常高兴我能陪在他们身边。但是不幸的事情也在发生着，我有两名亲戚都因为感染了新冠肺炎而先后不幸离世。可直到这个时候，美国也依然没有重视起来。

在停摆期间，我非常担心球队，因为我知道球队不能在一起训练。运动员是否能保持自律，是否能在家完成训练，联赛何时可以恢复，有太多问题和担忧堆在我心里，让我无时无刻不在思考工作该如何进行。

在陪伴了家人一段时间后，我关注到美国的疫情大有不可控制之势，我还特地给 NBA 总裁肖华发去了电子邮件，告诉他 NBA 的比赛必须马上停止，否则会迎来灾难。肖华对我表示了感谢，也开始在联盟里进行一些讨论和预案，但始终没有及时做出决定。而我已经等不及了，美国疫情在变得严峻，而中国经历了最难熬的 2 月之后，一切已经开始转向光明的方向，因为大家非常团结、非常配合，也非常有科学的理念和知识。

在这个情况下，我及时做出了决策，我要立刻回到中国，重新投入到球队的工作中，为CBA联赛的复赛做好准备。我很担心美国这边的家人，一遍又一遍地跟他们强调我在中国学到的防疫知识，要他们一定听我的话。在安顿好美国的一切之后，我踏上了回中国的航班，结束了这个意外延长且令人极为难忘的“疫情假期”。回到中国后，我严格遵守防疫规定，做了核酸检测，并在自己的家里开始了两个星期的自我隔离。

我不知道 CBA 何时能复赛，问了所有人也都不知道，就连 CBA 公司董事长姚明都不知道。大家能做的就是调整心态，调整工作状态，做最坏的打算和最好的准备。然而大家心里的想法和目标是一致的，就是不管怎么样，抗击疫情的大局是最重要的。

CBA 成功复赛，北控创造历史

不管我们多么自信或者骄傲，不管我们从事着什么样的工作，在自己的行业里有着什么样的地位，我们作为个体，能做的事情其实都非常少，力量也非常小。在某种程度上说，每个人都是缺乏安全感的，也都希望知道通过做什么可以让自己和家人的生活更安全更美好。我们经常被这纷杂的社会迷惑，忘记了生活的本质是什么。在北京的家里隔离期间，我再一次被巨大的安全感包围。我知道这座城市，这个国家，这里的所有人民，都在为生活在这片土地上的每一个人的健康和安全贡献着自己的力量，我知道再艰难的情况都会变好。

就在我飞回中国的同时，美国那边的疫情终于到了再也压不住的程度，整个国家也终于开始重视起来。导火索是一场 NBA 的篮球比赛，来自犹他爵士的法国中锋鲁迪·戈贝尔在比赛开始前被检测出阳性，所有已经到了场上的球员临时被叫回了更衣室。不久之后比赛取消，所有观众也散场了。当天晚上，NBA 联盟就正式停摆了。

体育在美国的影响力很大，体育联赛一出事，整个社会对疫情的态度才开始发生转变。我感到很遗憾，我提前几个星期就给肖华写了信劝他停赛。不过我也理解他当时为什么没有听从我的建议，因为任何一个在他这个位置上的美国人可能都没法做出停赛的决定。

疫情在美国暴发的同时，世界上的很多国家也早已出现了严重的问题，整个世界都陷入了一定程度的停摆，体育只是许多行业中的一个，并非命脉产业，受到的影响是巨大的。欧洲杯取消了，后来连东京奥运会都延迟了。

我们不知道 CBA 联赛什么时候复赛，甚至不知道今年是否还有机会复赛。中国的疫情虽然持续向好的方向发展，但是并没有达到完全安全的地步，而且全球疫情的发展导致中国国内防止疫情输入的压力非常巨大。在多种情况下，CBA 能否复赛，何时能复赛，确实很难说。但是 CBA 联盟和各家俱乐部都没有放弃复赛的希望，大家都紧密合作，做好自己的分内之事，期待疫情好转的同时，也在做着各种工作，针对无数情况做了万全的预案，就是希望能在复赛时机来临时做好一切准备。

我和教练组针对这种情况也做了许多工作，我们决定不管 CBA 联赛是否复赛，我们都要按照最高标准去备战。早在美国时，我就和教练组一起为每一名球员准备了详细的居家个人训练计划，我们的计划细致到了每一个动作做几组做几次，动作标准是什么，该如何恢复，等等。我们就担心球员在疫情居家期间放松了对自己的要求，身体状态一落千丈。如果球员需要，我们的训练师会专门到球员家里陪着他们训练。我在网上还看到了训练师科瑞和孙悦在一起进行的一组核心力量训练。我相信队员们只要能保持自律，那这段时间对他们的身体状态影响不会太大，而能否自律是衡量一名球员职业程度的最重要的标杆。

除了个人身体状态的保持，我还和教练组夜以继日地剪辑和分析比赛视频，然后再通过线上讨论和分析与球员们一起复盘和研究比赛。如何利用比赛视频提高自己的个人技术和全队的战术打法是一门大学问，在我刚到 CBA 时，没有太多球队和球员有这个习惯，球队在人员和资源配备上也不够到位。但是现在越来越多的 CBA 球队开始意识到这项工作的重要性，只是球员还没有养成习惯。整个中国的篮球训练还停留在传统的训练方法上，殊不知，再努力训练，如果没有通过视频分析和研究比赛这一步骤，都是不够科学和完善的。我在 NBA 这么多年打过来的重要经验之一，就是球员在研究录像上花的时间至少要达到实际上场训练的一半。高水平且自律的运动员和教练员，会利用一切时间来看录像，比如在主客场比赛的旅途中，比如在酒店或者家里休息时。所以当我一来到北控，我就要求球队高度重视这项工作。

在疫情期间，大家无法见面训练，我们在这项工作上的积累和准备在此时就发挥了作用。我们有充足的视频材料储备，每天都会发在微信群里和球员们一起观看并探讨。我作为主教练，有时间我就利用起来去研习录像，想到任何需要强调的点了，我就一个信息发到微信群里，或者直接发给具体的队员。如果说疫情期间全世界各地的学生和老师都学会并习惯了线上学习，那在北控队，我们也学会了线上训练。

当然，疫情期间的另外一个挑战就是运动员的心理健康。我前面讲过，运动员的心理健康长期以来就是被大家忽视的一个问题，直到这几年，由于个别大牌 NBA 球星勇敢站出来呼吁，才让这一问题开始被人重视。疫情期间，队员闷在家里不怎么能出门，这种禁足对于常年都在运动的人来说会很不适应，而且每个队员又都有自己的家庭情况，你并不知道他的家人是否会遇到困难，你也不知道运动员在家里待着的时候是否会感到孤独或者郁闷。这些情绪都是人类的正常情绪，运动员并不是超人，他们也会遇到这样那样的问题。对此，我也十分重视，因为我自己就有关于心理健康这一方面的第一手经验。我知道如果不重视这个问题，那么我们球队可能在复赛之后会变得人心涣散，队员自己也会荒废掉这几个月的时间。所以我和整个教练组的成员都和队员们保持着高质量的沟通，确保及时了解他们的想法，既帮助他们居家训练保持状态，又帮助他们解决后顾之忧，没有心理问题。

我回到北京后，有消息说 CBA 将尝试于 4 月复赛，那个时候全国的疫情也开始显现出好转的迹象，再后来球队也终于被相关政府部门允许回到场馆进行训练。两个多月没见了，大家都非常兴奋，期待可以快速恢复状态迎接重新开始的 CBA 联赛。

但是很快，联赛无法在 4 月复赛的消息就传了出来，疫情防控的复杂情况还不允许体育比赛在这个时候回归。我们虽然有些失望，但也非常理解，于是继续投入到训练中，并根据未知的复赛时间对训练计划做出相应调整。这个时候我们能做的事情不多，我们不能只站在职业篮球联赛这个层面上去思考问题，而是应该从全面出发去理解高层的决策制定，而回到实践层面，则只能用更努力的训练来让自己的心里变得踏实。

在接下来的一两个月的时间里，有关复赛的传闻和消息不断，一会儿说快了，一会儿又说还遥遥无期。我知道 CBA 公司非常辛苦和职业，他们为复赛制订了许多种不同的方案，也在和各个方面积极沟通，期盼找到突破口。

为了更好复赛，CBA 公司邀请了钟南山院士来为联赛复赛的一切防疫做指导，这在后来被证明是复赛成功的关键决策之一。正所谓把专业的事情交给专业的人来做，我们再努力去学习和做预案，也比不上钟南山院士为我们提供的专业指导。当时，整个中国的疫情已经趋于稳定，很多区域都已经回到了低风险，医生和专家的工作强度以及医疗资源的紧缺程度都比疫情严重时期下降了不少，政府开始提倡和促进各行各业的复工复产。在这种情况下，钟南山院士对 CBA 联赛的保驾护航起到了至关重要的作用，最终联赛确定了缩减赛程和打封闭赛会制比赛的方案。这一方案后来又经过了反复的打磨和波折，最终才终于得到了上级单位的批准。

我还记得当队员们听说了复赛的确切消息后，脸上都是抑制不住的兴奋神情。他们这么辛苦训练，就是为了能上场比赛，而有机会在这样的时代和社会背景下重新上场打职业篮球，并不是每个人都能做到的。CBA 成了全世界范围内第一个安全复赛，并对社会大众负起责任的大型职业体育联赛。我对 CBA 能做到这一点丝毫不感到惊讶，因为我从一开始就知道，中国强有力的政府领导和人民对此的理解、配合与付出，让一切都只是时间问题。

从 1 月初病毒在武汉出现，到 1 月 21 日打完上半段赛程的最后一场比赛，再到疫情彻底暴发，最后来到 6 月底 CBA 确定复赛，整整时隔 5

个月的时间，CBA 联赛终于回来了。但换个角度想，也仅仅是 5 个月，这么大的一个国家，这么庞大的人口，能把如此厉害的病毒控制住，让职业体育联赛重新回到人们的生活中。这一切都只能在中国发生。

我说这些话并不是套话、官话，我是真的因为亲身经历，所以心里有感而发。如果你是我的微博粉丝，你应该注意到了，我把微博的背景图像直接换成了钟南山院士的照片。我觉得在这种全人类共同面对的困难面前，是以钟南山院士为代表的医疗专家们冲在前线为我们排忧解难、保驾护航，才有了我们所拥有的一切，所以我希望可以用自己所拥有的平台和影响力去告诉大家谁是最值得尊敬的人。

当然，除了我自己之外，北控集团和北控篮球俱乐部也在用自己的方式负起了企业和球队的社会责任。在北控集团领导下，北控篮球俱乐部发起了“驰援战役天使、传播北控大爱”抗击疫情专项捐款倡议。俱乐部管理层、办公室、我们一线队还有青年队全体 82 名成员全部热烈响应，最终向中国社会福利基金会捐出了 200 万元人民币，同时携手腾讯公益平台参与“战役天使守护计划”，共同支援奋战在抗击新冠肺炎疫情第一线的医护人员。

最终，CBA 联赛确定在 2020 年 6 月 20 日正式复赛，选择了青岛和东莞两个封闭赛区进行两个阶段的比赛。第一阶段比赛是常规赛，分别在两个城市进行，我们被分到了东莞赛区；第二阶段比赛是常规赛收尾和整个季后赛，全部在青岛赛区进行。我再一次见证了中国人的办事效率、能力以及专业精神，如此庞大又烦琐的工作被安排得井井有条。球队、联赛工作人员、赛区工作人员、媒体，都聚集到了赛区内，为了比赛的正常举行，远离家人，投身工作。联盟和球队对教练员和运动员的照顾可谓无微不至，在各个方面都非常周到，甚至还给运动员安排了娱乐休闲区，以确保他们在训练和比赛之余能够得到充分的照顾和放松。

所有人都盼望复赛，但大家同时也对复赛之后可能出现的各种状况感到担心。但当我们看到一切都被安排得这么好之后，心里的所有担心可谓一扫而光。

而就在我们准备离开北京前往东莞时，北京又出现了零星的病例，令所有人都非常紧张。球队为了避免节外生枝，选择提前出发，带着运动员直接坐上了飞往东莞的飞机，以确保绝对的安全。我们都知道自己身上担负的那一份责任，哪怕是有一个运动员或者工作人员感染了病毒，可能都会导致整个联赛重启的计划泡汤，我们不能辜负这么多人这么长时间以来的艰苦卓绝的努力。不过，后来北京的疫情反复在政府领导和人民配合下，也在极短的时间内得到了彻底控制。整个 CBA 联赛直到打完也没有出现任何一起事故，到了季后赛阶段，还重新开放了观众现场观赛。当然，这都是后话。

复赛的这段经历令人难忘，全队上下所有人员每天都待在一起，大家有机会对彼此更加了解。在 CBA，无论是球员之间，还是球员和教练组以及工作人员之间的关系，本来就比 NBA 要亲密许多。大家一起相处的时间非常多，有一些球队甚至还会采取集体住宿的管理制度，平时训练和外出比赛，大家都是同吃同住，基本上不管干什么都是集体出动，这种情况在世界各国的其他篮球联赛中都是难以实现的。我早已习惯了这种模式，甚至已经喜欢上了这种大家在一起的感觉。但是这次 CBA 复赛所带来的感觉是前所未有的，我们被“圈”在了一个固定区域内，无论是活动区域，还是和什么人接触，都有极为严格的管理。如果违反，轻者罚款禁赛，重者可能丧失参赛资格，甚至影响到整个复赛的安全和进程。

从我执教北控的第一天开始，我就强调我需要打造一支拥有顶级球队氛围的球队。我一直把团队建设放在其他一切工作的第一位，我要我的团队成员具有性格，我也要我的团队成员彼此之间互相信任和关爱。我们的管理层和工作人员全心全意为球队服务，我们教练组呕心沥血准备着训练和比赛。而球员们则全部是家人，是兄弟，他们之间没有利益冲突，没有矛盾隔阂，也没有倚老卖老或者年轻气盛，他们像一家人一样为了同一个目标一起前进。经过了半个赛季的磨合，五个月休赛期的坚持，再加上这次复赛大家日夜相处，我可以拍着胸脯说，北控男篮的球队氛围是整个 CBA 联盟里最好的，没有之一。

在这期间我还度过了自己的生日，中国篮球界这两年来特别流行把生日蛋糕砸到寿星脸上，甚至都成了圈子里约定俗成的固定套路了。我想到他们可能要搞事情，但是当他们拿出那么大又那么漂亮的一个生日蛋糕之后，我说这么好一个蛋糕分了吃不香吗？没有一点点悬念，我的头还是被砸进了蛋糕里……

良好的球队气氛再加上努力又遵循科学的训练，换回来的一定是球场上的好成绩，更不要说，北控在复赛之后还拥有一定的优势。优势主要来自两个方面，第一个方面是外援。因为疫情的原因，CBA 有大量外援甚至外籍主教练无法回到中国，有的外援本来在 3 月份和我一样从美国赶了回来，但是当时以为 CBA 复赛无望，就又飞走了，结果现在想来也来不了了，因为中国要防止疫情输入，所以对外国人入境做了限制。我们这边虽然桑尼也没能回来，但他的身份本来就是亚洲外援，我们刚好申请停止使用亚洲外援，就可以让一直留在中国的弗格和摩尔特里获得更多的出场时间。这样，在面对同样拥有外援的对手时，我们有 3 节比赛时间都可以使用双外援，这是极大的阵容利好。第二个方面则来自赛程，我们的复赛对手中有山东、山西、吉林、四川和天津这五支完全没有外援的“全华班”球队，其中四川和天津实力明显较弱，早已告别了季后赛争夺，山东、吉林和山西都和我们战绩相当，但没了外援的他们实力都受到不小的影响。

休赛之前，我们排名第八位，但是战绩上和其他球队相差无几。如果复赛之后我们能抓住机会，赢下这些该赢的比赛，就能在季后赛“卡位战”中赢得先机。

但复赛刚开始我们就遇到了困难。首先是王少杰受到了一些伤病困扰，小伙子自己的压力也很大，有点担心自己的伤病，更担心自己会因为伤病打不好。我跟王少杰说，这下半个赛程对他而言将非常具有挑战性，带伤训练和打比赛一方面要承担一定的风险，另一方面也要付出比平时更艰辛的努力来做好每一个环节。他将会非常辛苦，但同时这也是一个千载难逢的机会，因为运动员不可能永远保持百分之百的健康，总要学会如何带伤打球，尤其是年龄大了以后，如何管理好自己的身体和比赛将成为职业生涯是否成功的关键。所以我要求他从这个高度来看待自己的下半个赛季，让他知道，在这个时候遇到这样的情况是一件好事。

其次就是复赛刚开始没几场，表现十分出色的外援弗格就遭遇了伤病，大外援摩尔特里的状态也出现起伏。这时我就需要国内球员更多站出来，可同时我也不能让他们的身体过度消耗，尤其是孙悦，我需要他保持健康和稳定的状态。

经历了充足的准备后，我们在第一阶段的比赛中状态非常好，打出了本赛季第四拨四连胜，在全联盟所有球队中，比我们成绩好的只有卫冕冠军队广东宏远队。在复赛第二阶段比赛尚未开打的情况下，我们在第一阶段的比赛中战胜了天津队，提前锁定了季后赛的席位，创造了球队的历史！

我在和北控集团沟通时，非常清楚集团对篮球队做出的目标和规划，他们提出的三年三个台阶（季后赛、八强、四强）以及为目标所配备的资源都显示出了北控的雄心壮志。我从来没有说过我一定能在什么样的时间里把队伍带到什么程度，即便你今天来问我，我也会说我对球队的成绩不会抱有特别的期待，因为有太多我决定不了的因素。但是有一件事我可以决定，那就是我们的态度和为此做的准备。我从第一天就告诉所有人，我告诉了集团领导，我告诉了球员和教练组，我也告诉了媒体，我说北控男篮必须按照总冠军的标准来要求自己，我们的各项工作都是按照这个标准来执行的。

做好自己该做的，日复一日，永不放弃，好的结果自然会等着你，这是我始终坚信的道理。

我收到了很多朋友的祝贺信息，也知道很多媒体朋友开始表扬球队和第一年当教练的我。但是我觉得还远远不到庆祝的时候，因为谁说打进季后赛就是我们的目标了？我们的目标永远比大家能看到的更远大。

复赛第一阶段的比赛之后，我们全队转场前往青岛参加复赛第二阶段的比赛。在比赛开始前，我们终于有了半天时间，我带着全队来到了青岛的海滩上放了放风。每次面对大海，我都能感觉到自己在这天地间的渺小，从而也更珍惜自己拥有的每一个机会。第二阶段的比赛我要带领全队继续全力前进，我告诉大家不要以为进了季后赛就可以满意了，CBA 的季后赛是前 12 名都可以进去，但在我心里，即便是以季后赛为标准，也只有前 8 名才更有含金量。今年因为疫情原因，所有赛程都精简了，进入季后赛之后的 12 进 8 和 8 进 4 全部都是单场淘汰制，一场打不好直接告别赛季，没有任何纠错的机会。所以第二阶段最后几场常规赛的状态非常重要，如果能打出好的势头，可能我们就会乘胜追击延续胜利，而如果最后几场常规赛被我们自己搞得磕磕绊绊，那可能到了季后赛脑子都是蒙的，唰唰两下就败下阵来。我们绝对不会满足于进入季后赛，而是想要追求更好的成绩。

在常规赛的最后一轮比赛，我们遇到八一队，我轮休了孙悦，减少了两个外援的上场时间，给了国内球员更多的表现机会。而他们也像今年的每一场比赛一样，没有让我失望，比如张帆和许梦君分别砍下了 23 分和 14 分。都说 CBA 联赛是靠外援打的比赛，但我知道这是完全错误的说法，我自认为是 CBA 历史上最出色的外援，但我深知如果没有优秀的中国队友，我的一切成绩都无从谈起。现在做主教练也一样，我需要更多国内球员站出来才行，直到常规赛的最后一场比赛，我也在尝试带领球队做正确的事情。

最终我们取得了29胜17负的常规赛战绩，历史性地打进了CBA联赛季后赛，对于北控这样一支去年还在全联盟垫底的新军来说，这是一个足以让球迷高兴的成绩。但是，如果我们进了季后赛之后三下五除二就被打败了，那大家还是会说我们是一支弱队，这是我不能接受的。

季后赛单场淘汰制，我们首场将面对吉林，赢了就能进入八强，进一步创造历史。吉林队在联赛因为疫情停赛前是强队杀手，拥有超级得分机器琼斯，整个常规赛中除了我们，另外一支击败过广东的球队就是他们。本次复赛之后，他们没有了外援，但是国内球员却彻底爆发，姜宇星、代怀博都是非常出色且攻防兼备的球员，姜宇星甚至打出了场均近30分外加6个篮板和5个助攻的优异战绩。我们的优势一是在于外援，二是在于队中几名老将都拥有丰富的季后赛经验，孙悦、王子瑞、孙桐林这些球队的中流砥柱都有多年季后赛征战经验，他们知道在这样的比赛中如何发挥，如何避免犯错误。

我在比赛前告诉队员们，这场比赛将会非常艰难，我们和对方取胜的概率是各占百分之五十。季后赛，本来就没有强弱之分，攻防强度根本不是常规赛能比的，很多常规赛打得很好的球员，到了季后赛就哑火不是没有道理的，更不要说现在还是一场定胜负，巨大的心理压力对每个人都是考验。

吉林队在上半场的冲击力非常猛烈，他们的进攻是一拨接着一拨，而且手感超级好，他们上半场有四名球员得分上双，全队投篮命中率将近60%，而我们仅仅不到40%。

中场时我告诉球员们，不要沮丧，但也要有紧迫感，对方上半场手感超级好，但我们的防守其实并没有大问题。大家千万不要对自己产生怀疑，对方的好手感不可能一直延续，更何况他们都投成这样了，也没领先多少。我们要保持防守强度，提升进攻信心，最后的两节比赛，一定不会是我们本赛季的最后两节比赛，要相信我们能赢，要相信我们练了一年的成果。防守，继续防守，用防守带动进攻！

第三节上来，吉林队还是疯了一样怎么投怎么中，分差被拉大到了13分。危急时刻，我把弗格和孙悦叫到了身边，跟他们说："你们俩是这支球队的领袖，这个时候需要你们站出来扛着队伍往前走，得分，我需要你们得分！"

弗格和孙悦一句话没说回到了场上，他们俩看着对方点了点头，吹响了反攻的号角。两个人明显加强了个人持球和进攻，吉林队一时没想到我们的进攻节奏从整体传导突然变成个人强攻，被我们打出了一拨小高潮，比分瞬间被追平。

第四节开始时，吉林队迅速开始包夹重点队员。我跟全队说："吉林队现在慌了，他们领先被追平了，他们知道自己防不住我们的尖刀球员，他们的命中率绝不可能再维持那么高了，胜利的天平已经倒向了我们。最后一节，弗格和孙悦这两个点继续强攻，其他人进攻端给我玩命冲抢篮板球，争取二次进攻机会，防守端该干什么不用我多说了。"

第四节，弗格和孙悦继续发挥，对方一夹击，他们俩就分球，孙桐林等球员也都纷纷站了出来，保持了一定的攻击强度。同时，练了一年的防守也表现出明显的优势，吉林的命中率和进攻轮转都明显掉了下来，我们一度确立了两位数的优势。

但是最后时刻，吉林依然展现出了强大的实力和韧性。代怀博最后时刻居然连中三记三分，把比分反超了，可是孙桐林和弗格也站了出来，拿下三分后反超两分，比赛时间还剩 24 秒。

最后一攻布置防守时，我跟大家说，我估计十有八九他们还是会让代怀博投，他手感正发烫，大家要注意干扰。不出意外，果然是代怀博，他的三分球弹框而出，我们惊险收获胜利。

这场比赛弗格拿下了39分8次助攻，孙悦拿下了18分，没有他们两个，就没有这场胜利，他们是最大的功臣。孙悦是总冠军球员，他知道在困难时刻该怎样去调整和发挥，他就是为了季后赛的舞台准备的，季后赛才是属于他的时刻。

全队回到更衣室后都非常兴奋，但我却高兴不起来，因为季后赛下一轮八进四，我们将面对常规赛排名第二的新疆队。虽然对方现在也是“全华班”出战，但实力依然非常强大，以我们和吉林队交手所展现出来的水平，我们很难击败新疆队。我是个好胜的人，我不希望放掉每一个能赢的机会。

八进四，还是一场定胜负，压力非常大，我跟队员们分享了我在大学打 NCAA 全国锦标赛时的回忆和经验。那是真正的一场定胜负，一年的努力在 40 分钟里就可能灰飞烟灭，如何调整自己的心态，确保自己不会发挥失常是重中之重。

我特意对先发阵容做了调整，安排了王子瑞和孙桐林首发，因为他们俩之前都是新疆队的，一方面他们相对熟悉新疆队员的打法和套路，另一方面他们在新疆队都没有获得什么机会，是北控给了他们篮球生涯的新生。我希望在这种关键时刻，他们心中的那股想要证明自己的劲头能被激发出来。

果然，王子瑞和孙桐林在开场后接连命中高难度三分球，我们一上来就取得了领先优势。整个上半场，新疆队都在用他们内线的巨大优势攻击我们，战术非常明确，我们的确难以招架，因为内线无论是身高、经验，还是可供轮转的人数，都比新疆队要弱一些。但我们充分利用自身的优势，发挥了外援的得分能力和国内球员的顽强韧性，始终把比分分差维持在 5 分左右，并伺机利用防守反击得分。半场时，我们仅以两分之差落后新疆。

我们的第二节和第三节可以使用双外援，如果不能在这两节里建立优势，那么第四节对我们来说将非常困难。但是在第三节，由于我们太过于担心内线上被对方攻陷，全队防守端收得非常紧，给了新疆队很多外围的机会。对手毕竟是CBA里第一档次的强队，抓住了机会投出了手感，远投接连命中，让我们在第三节反而被多拉开了 7 分，以 69 比 78 的比分，落后进入第四节。

第四节开始时我告诉队员们，我为他们感到骄傲，面对新疆队这样的强队，大家敢打敢拼，没有人手软，这样的比赛，打一场顶得上平时打十场，最后一节要全力追击，和他们打对攻。

队员们也知道这可能是他们本赛季的最后一节比赛了，没有放弃一秒钟，反而越打越勇。国内球员纷纷站了出来，王少杰、孙桐林冲锋在前，连续得分。打得最激烈时，我们把比分追回到了只差 5 分。但是，拥有周琦和西热力江这样优秀的国内队员的新疆队确实实力强大，即便我们已经发挥出了全部实力，但他们还是依靠强大的内线实力和外围的火热手感又把分差拉回到了 10 分，最终我们以 91 比 103 输给了新疆队。

队员们是难过的，他们觉得自己这么努力了还没能冲破新疆队，他们觉得自己并不是没机会，差一步就能进入 CBA 四强了啊！

这种心情我是理解的，谁也不希望输球，尤其是离再进一步只有咫尺之遥时。说实话我也不满意，我认为球队还有明显的提升空间，只可惜时间太少，如果有机会，真希望再好好练练，可能就冲过这一关了。这场比赛，还有上一场打吉林，都打得很困难，即便队员们非常努力，但是对手强大的实力也摆在那里，让我们不得不正视自身的不足。

这个赛季是我执教的第一个赛季，也是北控经过彻底重建后的全新阵容在一起磨合搭配的第一个赛季。如果按照一般的标准来看，我们创造了历史，打进了季后赛，继而又打进八强，还是非常优秀并值得庆祝的。我自己、全体教练组成员还有队员们在这个赛季里都学到了很多东西，我们的队员明白了在篮球场上不是仅凭着身体对抗和篮球技术就能打好球的，在精神层面上也要很强大才行，只要身体、技术和心理全部结合起来，才能在训练场上和比赛场上始终保持高水平的发挥，始终保持高度的专注，才能将攻防两端的技战术延续下去。这一个赛季，除了新疆、辽宁和青岛这三支球队，我们战胜过 CBA 里每一个对手，这说明了我们在漫长赛季中的坚持能力和调整能力。

赛季开始前，所有人看我们的眼光都是充满怀疑的，他们不相信马布里从球员变成教练后能够立刻拥有赢球的办法，他们不相信马布里会是一名好教练，他们甚至怀疑马布里是不是一位合格的教练。他们总是习惯看表面，他们说你看马布里也就只能搞一搞花架子，没有真本事：

在场边执教时他穿五颜六色的西服，那是吸引眼球；他手里总拿着战术小纸条，那是故作神秘；他的教练员椅子下摆着六瓶矿泉水，那是搞形式主义……可这些人注意不到的是整整一个赛季，我在场边执教时没有坐过哪怕一分钟。而他们不知道的是，多少个他们看不见的日子里，多少他们在睡觉休息娱乐的时间里，我都戴着老花镜在研究球队录像和分析打法战术。这些他们都看不到，让他们看到的唯一方法就是拿成绩说话。

他们也不相信我们四处招募来的球员们可以迸发出这样的凝聚力，他们说我们的队员都是别的球队不要了的，还开玩笑给我们起外号，叫我们“复仇者联盟”，这些我都知道。我想，一个赛季打下来，队员们的进步是全国球迷和媒体都共同见证的，他们的努力和坚持并不需要我用过多的语言来描绘。是的，有些队员可能的确在人生阶段中遇到了困难，但这并不代表他们就永远属于低谷，如果这世界上有一个人可以教会他们如何逆流而上、再创辉煌，那个人就是我。他们本不需要这么拼命，可以选择舒舒服服过下去，但他们内心有一团关于篮球的火。我们只是利用北控集团和北控男篮提供给我的平台，为这些球员加了一把柴火，帮助他们重新点燃自己的职业篮球生涯。

这本书写到这里的时候，我早已经开始了 CBA 联赛下赛季的备战，我没有时间躺在功劳簿上休息。打进季后赛创造了历史，但从完成这一成绩的那一刻开始，它就再次变成了历史，只供追忆，无须留恋。下赛季的 CBA 在 2020 年 10 月中旬就会开始，到底是继续赛会制，还是回归主客场制，还要看全国和全球的防疫形势。我为了能够更好地帮助球队完成休赛期的训练工作，忍痛决定放弃回美国看望家人，我要留在中国，带领北控男篮一起训练，继续着我们的改变之路。

在中国十年，我的人生发生了翻天覆地的改变。但其实我没变，我还是那个马布里，我只是更加成熟，只是学会了不同的处事方式和看待世界的角度。这个世界在改变，我们的生活在改变，每个人的人生故事都不可能独立存在。无论是成为传奇还是平淡一生，无论是屹立巅峰还是坠入谷底，我们都一直拥有通过努力来改变自己人生的机会。

我不知道自己的人生在未来还会如何改变，但我知道，我永远都会在篮球的世界里努力耕耘。我永远都会用篮球帮助别人，为这个世界带来价值，也为自己的人生带来意义。而中国，也将永远是我的家，我要用自己始终如一的坚持和爱为中国篮球做出自己的贡献。

后记 | 写在最后的话

三年前我从篮球赛场退役，问了自己三个问题。

我是否会就此永远离开自己心爱的篮球比赛？

我是不是应该把球鞋和球衣都高高挂起，然后把球传给我的儿子小马布里？

我到底应该在结束职业球员生涯之后做什么事情？

这三个问题看似简单但其实很难回答，前两个问题，我的答案都是“Yes”，但面对第三个问题，我茫然无措，我不确定自己除了篮球以外还会什么。

这是我第一次需要面对这样一种人生，一种不需要我上场打篮球的人生。

40年前，我爱上了篮球，我从位于布鲁克林南部的康尼岛上的那片被称为“花园”的街球场走出来，一路风风雨雨，起起伏伏，在不同的世界追求着同一个梦想，才最终成为了今天的自己。无论是场上还是场下，篮球都是我的唯一，而把篮球带给我的，则是我最爱的人们。我的人生从此以后可能不再需要打篮球，但我却永远需要这些最爱的人，即便有些人已经不在这个世界上，但他们却时时刻刻在我的心里，在天堂等着我去和他们相会。我的父亲和母亲，我的教练，我的兄弟姐妹，是他们帮助我成为了一名篮球运动员，是他们帮助我在全世界最好的两个职业篮球联赛中都成为了全明星球员。直到今天，我自己都不敢相信，一个像我这样来自康尼岛的普普通通的小孩子，竟然能拥有上帝赐予的天赋和神力，竟然能够在每次踏上球场时有机会用球技去赢得山呼海啸。

这都是因为他们的存在，因为他们对我的帮助和无私的爱。

退役代表我从此之后不会再靠着自己的身体和能力去完成比赛，但并不代表我要就此离开篮球运动，在不断的思考和尝试后，我最终决定走上教练之路。既然自己不能再打篮球，那就指导年轻人去打球吧！

我的职业生涯经历过一些低谷，我也曾经坐过冷板凳，但即便是那样艰难的时光，也一样隐藏着无尽的宝藏。当我坐在板凳席上，我有机会从另一个角度去观察比赛和揣摩教练的思路与情绪，这对于绝大多数明星运动员来说是很少存在的机会。当然，更多时候我都是在场上打球，而很多人忽视的一点就是作为总是要上场打球的球员，我除了训练以外，生活中最重要的一部分就是看比赛录像。为了在场上打好比赛，无论是针对个人还是针对整体，我都看了大量的录像。从我还在打业余联赛开始，到我打入职业，看录像都是我生活的一部分，我可以在大脑里把篮球比赛一帧一帧回放出来然后再去分析并找到好的解决办法，我相信这样的经验和技能会帮助我成为一名很好的教练。

在我退役后的第一年，我选择远离职业赛场，办了自己的训练营，把时间都花在了中国的青少年篮球运动员身上。我打篮球 40 年，当职业运动员 22 年，办训练营让我有机会把自己的每一个动作细节传授给孩子们，我无所保留地把自己的一身本事都拿了出来，和孩子们同吃同住同旅行，这让我体会到了作为一名教练去帮助别人的乐趣和使命。

作为主教练重返北控，标志着我人生下半程的全新起航，这样的重任和机缘让我无比感恩和珍惜，我和队员们也没有辜负北控集团领导和北控广大球迷的期望，在 2019 年—2020 年 CBA 赛季中取得了队史最佳成绩。在执教的过程中，我越来越体会到自己对于篮球运动的热爱，我想要继续钻研这项运动的渴望也被激发了出来。

教练不光是教导和传授那么简单，教练意味着和运动员同进同退，意味着和球队融为一体，更意味着要和球队背后的集团以及整座城市荣辱与共，你可以说职业球队的主教练是一份需要经验和能力的工作，但我认为这更是一份需要付出心血和注入灵魂的工作。我知道自己是如何一步步从一名运动员成为总冠军的，所以我也知道，如果想让自己的球队成为冠军，我和队员们都需要付出什么，这不是一条容易的路，也不是一条肯定有终点的路，但只要拼尽全力，就一定是一条光荣之路。

2020 年非常不平凡，整个世界都被疫情冲击，但即便是在这样的惨痛中，人类社会依然迸发出伟大光芒，仿佛提醒着我们，生活不管怎样都要继续，就看你是选择昂着头还是丧着气。

我能够确定的是，在京城东南的北控训练基地中，每一个人都昂着头，我也能确定，在整个 CBA 赛场内外，每一名为了篮球事业而努力奋斗的中国篮球人也都昂着头。

这本书是我在中国的第二本自传，我在这本书里重新讲述了许多大家熟悉或者不熟悉的故事，我也加入了许多这几年来的经历和想法，我希望这本书能让你们读到我人生的改变，也希望这本书可以激励你们去发现和追求人生中的机遇。

但我也深深知道，我能够有机会在这个国家工作生活，能够有机会在北京城最好的职业球队中担任主教练，离不开我生命中的那些贵人，没有他们的赏识和帮助，我再努力也不会有清晰的方向，在这里，我要向他们致以最最真诚的致谢和感恩。

北控集团有限公司董事长兼党委书记田振清，北控集团有限公司党委常委、副董事长、常务副总经理李永成，这两位是北控集团的领导，我和他们的每一次接触和谈话都能体会到他们发自内心对于篮球事业的支持和远见。在他们的领导下，北控集团发挥自己的资源优势，选择了长期投入篮球事业，并且完全学习引进最先进的职业篮球俱乐部运营体系，从各个方面建设球队并尝试去改变和引领篮球文化。对于北控这种规模的集团而言，打造一支职业球队不算难事，但启用专业的人才，建造职业的体系和梯队，从未来着手，以长远目标为方向，如此认真又投入地打造一支球队，则是绝无仅有的。我非常佩服两位集团大领导和他们带领的整个北控集团领导层，没有他们，就没有紫禁城的这抹靓丽色彩。

北控集团有限公司工会副主席、北控篮球俱乐部总经理宗锋是球队实际意义上的掌舵人，上层的高瞻远瞩需要靠宗锋来落到实处。我和宗锋的交流非常顺畅，他对于专业人才的信任和启用，对于各项资源和工作的管理和分配，充分体现了一名职业总经理的高超水平。我们有过多次推心置腹的交谈，彼此分享经历和看法，寻找让这支球队变得更好的办法和途径。我给他讲我打球这么多年的故事，他给我讲他管理企业的经验，我们一起分析，取长补短，共同努力。从 NBA 打到 CBA，我接触过的球队总经理几只手都数不完，宗锋是我最佩服也最愿意与之合作的总经理。

我无比希望自己未来的表现能对得起北控集团和球队领导的期望。

同时，我也要感谢我在中国这么多年来的亲密伙伴，没有他们为我保驾护航、出谋划策，没有他们像照顾家人一样照顾我，我在这个陌生的国度不可能拥有今天的生活。杨晨，从我的翻译到今天北控男篮的领队，他早已是我的兄弟，是我的家人。杨毅，王猛，都是中国最优秀的篮球人，作为我的团队，他们为我做的工作让我能够成为今天的我，我永远忘不了他们在那么多次人生的重大节点上群策群力，为我分析并指出最好的选择，他们也早已是我的家人。

当然，还有我远在美国的家人们，我们聚少离多，彼此为了生活和梦想在太平洋两端奋斗。2020 年的新冠疫情让我们很久都没有机会相聚，我希望妈妈、我的兄弟姐妹、我的孩子们都能健康快乐，我努力工作就是为了你们拥有更好的生活，而你们的幸福则是我不断前进的最大动力。

最后，我还要提到一个人，我要用他来作为本书的结尾。

科比 · 布莱恩特。

我真的很想把这一切都分享给他，我想他一定很想知道我在中国做主教练的故事，他也一定很希望在下次来中国时来北控男篮看一看。在科比意外去世之后，很多人问起我和他熟不熟，我想我没有必要去讲述我们之间的来往，我们的私人关系并不重要，我和科比真正的来往和联系，都来自我们对于篮球的热爱和对于竞争的渴望，我们的灵魂早已深深被对方吸引，在球场，在人间，在天堂，我们都会是最好的伙伴。

真的很想念他，愿他和女儿吉安娜一切都好。